Stefan Kappner
Biografisches Schreiben leicht gemacht

Stefan Kappner

Biografisches Schreiben leicht gemacht

Die Erzählblätter-Methode

Mit Online-Materialien

BELTZ JUVENTA

Der Autor

Dr. Stefan Kappner ist professioneller Biograf, Lektor und erfahrener Schreib-Berater und Dozent.

MIX
Papier | Fördert gute Waldnutzung
FSC® C089473
www.fsc.org

Dieses Buch ist erhältlich als:
ISBN 978-3-7799-7210-5 Print
ISBN 978-3-7799-7211-2 E-Book (PDF)

1. Auflage 2023

in der Verlagsgruppe Beltz · Weinheim Basel
Werderstraße 10, 69469 Weinheim

Herstellung: Ulrike Poppel
Satz: text plus form, Dresden
Druck und Bindung: Beltz Grafische Betriebe, Bad Langensalza
Beltz Grafische Betriebe ist ein klimaneutrales Unternehmen (ID 15985-2104-100)
Printed in Germany

Weitere Informationen zu unseren Autor:innen und Titeln finden Sie unter: www.beltz.de

Inhalt

Vorwort

„Biografisches Schreiben leicht gemacht" ist eine überarbeitete und ergänzte Neuauflage des Praxismaterials „Schreibend erzählen. Biografiearbeit mit Senioren und Demenzkranken", das 2015 erschien. Es ist inzwischen vergriffen. Immer wieder erreichten mich Anfragen danach, doch der Verlag zog sich aus diesem Themenfeld zurück.

Im Bereich Biografiearbeit wurde in den vergangenen acht Jahren einiges Neue veröffentlicht, doch meines Wissens nichts, was der Erzählblätter-Methode gleichkäme oder sie ersetzen könnte. Darum freut es mich, dass ich sie mithilfe des Beltz Juventa Verlags wieder zugänglich machen kann.

Mit dieser Neuauflage erhielt ich zugleich die Chance, die inhaltliche Engführung zu korrigieren, die der Titel der alten Fassung suggeriert. Die Erzählblätter-Methode ist nämlich keineswegs nur für Senioren, Hochaltrige und Demenzkranke geeignet. Sie kann auch Jüngeren einen bequemen ersten Zugang zum biografischen Schreiben bieten, ob allein, zusammen mit biografischen Partner*innen oder in einer Gruppe.

Hubert Klingenberger, ein Pionier der Biografiearbeit in Deutschland, betont zu Recht, dass es keineswegs nur für ältere Menschen fruchtbar ist, sich mit der eigenen Biografie auseinanderzusetzen (vgl. Auer/Hirtler-Rieger/Ramsauer/Ruhland 2020, S. 14). Schon Hölzle und Jansen (2011) präsentierten in ihrem Sammelband zur Biografiearbeit eine große Bandbreite von „Zielgruppen". Mag man gelegentlich jugendliche Stars und Sternchen belächeln, die mit 27 Jahren eine Autobiografie veröffentlichen – selbst diese, wenn es nicht bloß zu Marketingzwecken geschieht, mögen daraus wertvolle Erkenntnisse gewinnen. Für Außenstehende deutlicher wird der Gewinn der Biografiearbeit bei Menschen jeden Alters, deren Selbstbewusstsein und Identität besonderen Prüfungen ausgesetzt sind. Zum Beispiel bei Kindern, die nicht bei ihren leiblichen Eltern aufwachsen, Jugendlichen in der Selbstfindung, Erwachsenen in Krisensituationen.

Das jeder gezielten Biografiearbeit zugrundeliegende Bedürfnis jedoch, von sich und der eigenen Welt zu erzählen, ist auf keine Zielgruppe eingeschränkt. Die Methode der Erzählblätter ermöglichen es darum letztlich allen, die Vorteile des schreibenden Erzählens für sich und andere zu nutzen. Ich habe sie entwickelt, um eine Lücke zu schließen: Einerseits besitzen viele nicht den nötigen Antrieb und das Selbstvertrauen, um ihre Lebensbeschreibung mit einem weißen Blatt Papier zu beginnen. Fragebücher andererseits, wie sie in den Geschenkabteilungen der Buchhandlungen stehen, lassen zu wenige Spielräume offen. Sie stellen pro Frage eine feste Anzahl von Zeilen zur Verfügung, und die Fotografien passen selten zum Leben der Befragten. Darum beschreite ich mit den Erzählblättern einen Mittelweg: Sie verbinden den leichten Einstieg über Fragen und Schreibimpulse mit der Offenheit des „klassischen“ biografischen Schreibens.

„Biografisches Schreiben leicht gemacht“ besteht aus drei Teilen. In *Teil I* des Buchs erinnere ich daran, wie bedeutsam und unersetzlich das Erzählen für uns Menschen ist, und welche Vorteile das Schreiben in der Biografiearbeit hat. Dann stelle ich drei verschiedene Möglichkeiten vor, mit den 60 Erzählblättern umzugehen: in Schreibgruppen, zu zweit – als „biografisches Paar“ – oder in Eigenregie.

Den *zentralen Teil II* bilden die 60 Erzählblätter mitsamt Einführung und Hinweisen. Die Erzählblätter sind jeweils nur auszugsweise abgedruckt, um die Auswahl zu erleichtern. Die doppelseitigen Blätter stehen zum Download bereit und können je nach Bedarf ausgedruckt werden.

In *Teil III*, „Praxisideen und Beispiele“, geht es um die weitere Arbeit mit den Erzählblättern – wenn schon einige bearbeitet wurden und das schreibende Erzählen in Gang gekommen ist. Wie können sie zu kleineren oder größeren Werken verbunden werden? Welche zusätzlichen Möglichkeiten ergeben sich, wenn der biografische Eifer erst einmal geweckt ist? Die letzten Seiten sind mit Beispielen gefüllt, zur Anregung und zur Ermutigung.

Wie viele in den letzten Jahren bemühe ich mich um Schreibweisen, die niemanden ausschließen, ganz besonders nicht weibliche Leserinnen, die schließlich den Großteil meiner Seminarteilnehmer*innen bilden. Noch bevorzugt unsere Sprache das Maskulinum. Die Suche nach einer besseren Alternative wird sicherlich noch eine Weile andauern. Unter den Möglichkeiten, die sich derzeit bieten, gefällt mir das sogenannte Gendersternchen * grafisch am besten. Auch Doppelnennungen kommen vor, wo sie den Lesefluss nicht zu sehr stören. An einigen Stellen verwende ich nur die weibliche Form. Männer mögen sich dort nicht ausgeschlossen fühlen. Auf eine „Besternung“ von Artikeln oder Pronomen wie „jeder“ habe ich dagegen verzichtet.

Dieses Praxismaterial ist eine Frucht der letzten beinahe zwanzig Jahre, in denen ich mich als Autor und Schreibdozent mit den Biografien vorwiegend älterer Menschen, mit dem Erinnern und Erzählen, dem Zuhören, Aufschreiben und Weitergeben von Lebensgeschichten beschäftigt habe. Das geschah nicht freischwebend, sondern im Rahmen vieler Schreib- und Erzählprojekte und in Zusammenarbeit mit Menschen, denen ich hier danken möchte.

Ein besonderer Dank geht an Katrin Rohnstock, Gründerin und Inhaberin von Rohnstock-Biografien, mit der ich seit 2004 als Autobiografiker arbeite und von der ich viel lernen durfte. Damit hat sie meiner eigenen Biografie eine wichtige Wendung gegeben. Danke auch an alle ihre Mitarbeiter und Mitarbeiterinnen, für viele Begegnungen – munter bis tief schürfend – und bleibenden Erinnerungen.

Danke an Anneliese Wohn, ehemalige Leiterin des Referats 3./4. Lebensalter im Bistum Limburg, die mich als Schreibdozenten „entdeckt“ hat und mit der ich viele bewegende Veranstaltungen durchführen konnte.

Danke zuletzt (und zugleich zuerst) an alle Menschen, deren Lebenserinnerungen mir in diesen Jahren zu einer wertvollen Bereicherung geworden sind, erzählt oder aufgeschrieben, in Buchform, als Skizze oder Gedicht. Wenige von ihnen konnte ich – als Beispiele – in dieses Buch „einschmuggeln“. Ganz besonderen Dank für ihre Zustimmung dazu.

Erzählen und Schreiben bereichert das Leben, vertieft die Gedanken, lenkt unseren Blick vom Alltagstrott aufs Wesentliche: Das zu erfahren wünsche ich Ihnen als Leser von „Biografisches Schreiben leicht gemacht“ – auf Ihre jeweils eigene Art: Im Dialog mit den eigenen Erinnerungen, im Kreis einer Schreib- und Vorlesegruppe oder als biografische Partner.

Idstein/Taunus, März 2023
Stefan Kappner

* * * * *

P.S.: Über Rückmeldungen, Fragen, Erfahrungsberichte und Kritik jeder Art freue ich mich. Zu Veranstaltungen – Schreibseminaren, Vorträgen, Fortbildungen – werde ich gerne eingeladen und komme, wenn Zeit und Entfernung es erlauben.

Am besten erreichen Sie mich unter dieser E-Mail-Adresse:
stefan@biografika.de

Teil I:
Einführung

Die Kraft des Erzählens

„Ich lasse mir oft von Leuten ihren Beruf haarklein erklären,
obwohl ich gar nichts davon verstehe.
Aber der andere erzählt mir dabei sein ganzes Leben.
Und ich sehe, wie er immer leidenschaftlicher wird.
Vor einer halben Stunde war er noch apathisch und verbittert
und seine kleine Frau saß ganz klein und schüchtern neben ihm.
Und jetzt sind beide nicht mehr zu bremsen, und sie erzählen
und erklären und beschreiben und machen und tun, bloß weil
jemand gesagt hat: ‚Wie geht's Ihnen?' und ‚Was machen Sie?
Erzählen Sie doch mal!'"
Hanns Dieter Hüsch, aus: „Anteilnahme" (1994)

Erzählen macht lebendig. Es regt das Denken ebenso an wie die Gefühle, es ermöglicht Austausch und Gemeinschaft. Es tut gut, sich etwas von der Seele zu reden, und es tut gut, wenn jemand zuhört und uns Aufmerksamkeit schenkt. Fast alle Menschen erzählen gerne, denn sie haben den Kopf voller Episoden, Geschichten und Bildern – voller Schätze, die ihr Gedächtnis bewahrte.

Es gibt viele Arten, sich zu erinnern: blitzartig, genüsslich, widerstrebend oder schwerfällig. Manche Erinnerungen bedrängen uns, anderes fällt uns erst nach längerem Nachdenken ein. Steuern können wir das nur begrenzt.

Wenn wir erzählen oder über unser Leben schreiben, ist das mehr als unwillkürliches Erinnern. Wir werden aktiv: Wir stellen uns vor, wie es gewesen war, drehen und wenden unsere Erinnerungen, betrachten sie gleichsam von allen Seiten, und machen sie zu einer Geschichte. Wir gestalten unsere Erinnerungen so, wie es uns für unsere Zuhörer und für den Anlass sinnvoll erscheint. Wir machen die Vergangenheit lebendig, wir holen sie in die Gegenwart, wir *vergegenwärtigen* sie.

Mit den vergangenen Erlebnissen werden die alten Gefühle wach. Wir ärgern uns über vergangenes Missgeschick, wir schämen uns vielleicht, wir freuen uns und spüren Stolz. Wenn wir von vergangenen Erfolgen erzählen, kann uns das heute glücklich machen, und wir schöpfen wieder Mut für die Zukunft.

Wer *mündlich* erzählt, reagiert spontan und gefühlsmäßig auf das Verhalten seines Gegenübers. So kommt eins zum anderen und nicht selten erinnern wir uns und erzählen von Begebenheiten, an die wir zu Beginn noch nicht gedacht hatten. Wir sind überrascht und erfreut über uns selbst, und das Nicken, Lachen oder die Betroffenheit der Zuhörer*innen bestätigen uns.

Wer *schriftlich* erzählt, hat mehr Zeit, Erinnerungen auszuwählen und zu vertiefen, kann nachlesen und neu ansetzen, weil sie oder er sich nicht um die Aufmerksamkeit der Zuhörer bemühen muss. Die Bestätigung durch andere kommt dann später, beim Vorlesen oder nachdem die entstandene Geschichte weitergegeben wurde.

Beide Formen des Erzählens – mündlich wie schriftlich – haben ihre Vor- und Nachteile.

Die Psychologin und Vertreterin der „Lebensrückblicktherapie" Verena Kast schreibt: „Verschiedene Studien zeigen, dass Menschen, die sich mit ihren autobiografischen Erinnerungen beschäftigen, weniger depressiv und geistig beweglicher sind als die entsprechenden Kontrollgruppen. Das trifft allerdings nicht zu, wenn in der Biografiearbeit nur die Vergangenheit glorifiziert oder global Schuld [...] zugewiesen wird" (Kast 2010, S. 16).

Menschen erzählen von klein auf bis ins hohe Alter. Wenn ein Schulkind nach Hause kommt, erzählt es von seinen Freunden, von seinen Noten und denen der anderen, vom Lob oder der Ungerechtigkeit der Lehrerin. Wenn sich zwei Freundinnen treffen, erzählen sie vielleicht vom Urlaub oder von ihren Ehemännern, zwei Kunstbegeisterte sprechen von der letzten Ausstellung: Jeder Mensch in jedem Alter kennt das oft drängende Bedürfnis, zu erzählen – und die Einsamkeit, wenn es nicht befriedigt werden kann. *Was sich im Laufe der Zeit ändert, ist nicht der Wunsch, zu erzählen, sondern der Inhalt der Geschichten.*

Identitätsfindung

Wenn Kinder erzählen, verarbeiten sie dabei nicht nur ihre Erlebnisse. Sie stimmen zugleich ihr Bild von der Welt mit dem ihrer Mitmenschen ab, zunächst vor allem mit dem ihrer Bezugspersonen. Je nachdem, wie diese reagieren, lernen sie zum Beispiel, in welchen Situationen welche Gespräche als angemessen gelten. Indem sie „ich" sagen und als ein Du angesprochen werden, entwickeln sie ein Bewusstsein von sich und ihrer Stellung in der Familie, unter Freunden, in der Schule. Dazu gehört schon früh auch eine Vorstellung von ihrer eigenen Herkunft und Vergangenheit – als ein Grundpfeiler des Selbstbilds. Wie wichtig das sein kann, wird ersichtlich, wenn es fehlt, etwa bei Kindern, die getrennt von ihren leiblichen Eltern aufwachsen. „Ihre Vergangenheit scheint verloren, vieles davon sogar vergessen", schreiben Ryan und Walker (2003, S. 13) und empfehlen biografische Methoden in solchen Fällen als gezielten Versuch „Teile dieser Vergangenheit den Kindern [...] zurückzugeben. Das gemeinsame Zusammentragen der Tatsachen dieses Lebens und der wichtigsten Personen darin hilft ihnen, zu beginnen, ihre Vergangenheit anzunehmen und mit diesem Wissen in die Zukunft zu gehen".

Was in diesen besonderen Fällen direkt einleuchtet, gilt letztlich für die meisten Menschen: Wir alle erleben Krisen oder Phasen des Übergangs, in denen die eigene Identität brüchig und fraglich wird. In der meist langwierigen Entwicklung von der Abhängigkeit und Bedürftigkeit als Kind zu einem mehr oder weniger autonomen Erwachsenenleben. Bei Berufs- oder Ortswechseln. In der Menopause. Nach dem Verlust wichtiger Bezugspersonen. Das erste Mittel, mit diesen Krisen zurechtzukommen, ist es, davon zu erzählen. Davon zeugen die intensiven Gespräche Jugendlicher untereinander ebenso wie Trauergruppen oder die berufliche Supervision.

Erzählen im Alter

Ältere Menschen erzählen besonders gerne „von früher". Themen der fernen Vergangenheit sind ihnen oft wichtiger als das, was gestern oder vor einem Jahr geschah. Wer mit älteren Menschen umgeht, dem hilft es zu verstehen, was es damit auf sich hat. Es handelt sich um keine Schrulligkeit oder Schwäche, die dem Alter zufällig anhängt. Noch weniger entsteht es aus Beschränktheit, weil es Älteren womöglich weniger gelingt, sich auf neue, aktuelle Themen einzulassen oder sie einzuordnen. Vielmehr ist dieses Bedürfnis, von längst vergangenen Begebenheiten zu erzählen, ein wesentlicher und natürlicher Ausdruck des Lebensstandpunktes betagter Menschen.

Das Leben verlangsamt sich, die äußeren Aufgaben und Eindrücke werden weniger. Die Zukunft lässt sich kaum mehr planen – selbst wenn sich die Jahre noch weit in die Hochaltrigkeit verlängern mögen. Der Großteil des Lebens ist gelebt. Es fragt sich, ob es – im Ganzen gesehen – ein gutes Leben war. Für den Psychologen Erik H. Erikson besteht die Aufgabe und Chance des Altwerdens darin, mit dem eigenen Leben ins Reine zu kommen, es als Ganzes anzunehmen, um sich – vielleicht schon bald – in Würde von ihm verabschieden zu können (vgl. Erikson 1966, S. 118 ff.). Diese Aufgabe ist nichts anderes als Biografiearbeit – freilich unangeleitet und spontan, weshalb der Begriff hier etwas künstlich wirkt. Denn unter „Biografiearbeit" versteht man eine methodisch angeleitete Beschäftigung mit der Lebensgeschichte. In vielen Einrichtungen der Altenpflege wird sie bereits praktiziert, und kaum eine Bildungseinrichtung verzichtet heute auf Seminare und Kurse, in denen sich die Teilnehmer*innen mit ihrer Biografie auseinandersetzen können, sei es in Erzählrunden, beim künstlerischen Gestalten, mittels spezieller, psychologisch inspirierter Methoden oder durch das biografische Schreiben.

Die „innere Biografiearbeit" des vorgerückten Alters wird durch die Besonderheit des älteren Gedächtnisses unterstützt, vermehrt auf Ereignisse aus jungen Jahren „zurückzukommen". Allmählich oder plötzlich und unerwartet, wie in einem Traum, tauchen Erinnerungen an Ereignisse und Zusammenhänge auf, die bereits vergessen zu sein schienen. Oft sind sie unabweisbar: Die Erinnernden müssen sich zumindest innerlich mit ihnen beschäftigen. Der große Abstand zwischen der erinnerten Vergangenheit und der Gegenwart verlangt nach einer Erklärung: „Warum denke ich heute an meine Anfänge im Beruf, an die Geburt meines ersten Kindes, den Tod meines Vaters als ich noch ein kleines Mädchen war? Was will mir mein Gedächtnis – mein Unbewusstes – sagen?"

Wenn diese Erinnerungen lebendig und hartnäckig sind, und wenn sie unablässig um bestimmte Episoden kreisen, rufen sie eine Art „Heimweh" an die frühere Zeit hervor (vgl. Draaisma 2009, S. 162). Die beste Art, diesem Heimweh zu begegnen, ist es, aktiv mit den Erinnerungen umzugehen, von ihnen zu erzählen und sie aufzuschreiben.

Günther Müller war mit 85 Jahren in eine meiner Schreibwerkstätten gekommen. Was ihn beschäftigte, war der Krieg und die Zeit seiner Gefangenschaft in Tscheljabinsk am Ural. Als er 1947 in seine Heimatstadt Wiesbaden zurückgekehrt war, hatte der Vermessungstechniker einiges von seinen Erlebnissen aufgeschrieben. Jetzt, nach fünf Jahrzehnten und schweren Krankheiten, wollte er diese Aufzeichnungen überarbeiten und ergänzen. Soweit ich weiß, war er von niemandem dazu ermuntert worden. Er träumte von Russland und sprach beinahe von nichts anderem. Seine liebe Frau, geduldig und stets an seiner Seite, schüttelte ab und an milde den Kopf. Die Erinnerungen trieben ihn um.

Müller schrieb langsam, aber klar, die Episoden, die er notierte, waren gut verständlich, doch er neigte dazu, das Geschriebene mit Sternchen zu versehen, um anderswo Zusätze zu notieren. Dabei ging er mit dem Papier sehr sparsam um, schrieb hochkant an den Rand und in umrandete Kästchen auf bereits beschriebenen Bögen: So verlor er immer wieder den Überblick. Ich unterstützte ihn deshalb, sah mir seine Aufzeichnungen an, tippte sie ab und befragte ihn zu diesem und jenem, um seine Lebenserinnerungen abzurunden.

Leider starb Günther Müller zwei Jahre, nachdem wir uns kennengelernt hatten. Das Büchlein, das er sich gewünscht hatte, war noch nicht ganz beendet. Er hatte beim Ergänzen und Korrigieren keinen Abschluss finden können. Zuletzt hatten ihm mehrere Operationen und seine Gebrechlichkeit die Energie dafür genommen. Ich brachte einen vorläufigen Text in Buchform, damit er sich das Ergebnis seiner Arbeit besser vorstellen konnte. Noch kurz vor seinem Tod fragte er danach, es war ihm sehr wichtig. Er ließ mir ausrichten, dass ich das Buch fertig stellen solle. Unter dem Titel „Wir hatten schon verloren. Erinnerungen eines Wiesbadeners an Krieg und russische Gefangenschaft" erschien es schließlich im Selbstverlag.

Wertvolle Rückschau

Es gibt ein weiteres wichtiges Motiv für das Erzählen im Alter: die *Weitergabe von Erfahrungen.* Stellen Sie sich vor, Sie stehen auf einem hohen Balkon und sehen eine erstaunliche Landschaft vor sich, die von unten kaum zu erwarten war – würden Sie das für sich behalten? „Das Alter ist ein Balkon", schrieb die Dichterin Marie Luise Kaschnitz. Es macht Mühe, auf diesen Balkon zu steigen, doch von oben lässt sich vieles überblicken, ganz neu sehen und verstehen. Wer möchte das nicht weitergeben?

Manche Menschen sind redselig und kümmern sich weniger um die Reaktionen ihres Gegenübers, andere benötigen viel Aufmerksamkeit, um sich öffnen zu können – nicht bloß anwesende, sondern möglichst aktive, interessierte, nachfragende Zuhörer und Leserinnen. Glücklicherweise sind die Erzählungen älterer Menschen oft voller Einsichten und Lebensweisheiten, Kenntnissen über geschichtliche Zusammenhänge und humorvollen Episoden, sodass das Zuhören zu einer Freude und großen Bereicherung werden kann. Die Lebensumstände haben sich verändert, Werkzeuge und Verkehrsmittel. Doch die grundlegenden menschlichen Gefühle und Fragen sind gleich geblieben. Es tut jedem gut, das Leben einmal „von weiter hinten" zu betrachten.

Äußeres Gedächtnis gegen Identitätsverlust

Die *Tragik einer demenziellen Erkrankung* liegt nicht im Verschwinden dieser oder jener Erinnerung – schließlich vergessen wir alle vieles und auf jedem Klassentreffen wird deutlich, wie unterschiedlich das Erinnerungsvermögen entwickelt sein kann. Die Tragik liegt darin, dass auch die wesentlichen Erinnerungen verloren gehen, diejenigen nämlich, die eng mit dem *Selbstbild* der Betroffenen verbunden sind. Wer an wichtige Episoden seines Lebens zurückdenkt, erlebt zugleich die eigene Identität. Und nur wenn die Vergangenheit in das Jetzt geholt werden kann – vergegenwärtigt werden kann –, wird auch die Gegenwart als sinnvoll erlebt.

Darum ist die Erinnerungspflege alles andere als eine Flucht in die Vergangenheit. Die Mühe, die sie den Angehörigen oder Betreuungspersonen kostet, lohnt sich. Weil das Erinnern das Selbstgefühl stärkt, hilft es zugleich, die Aufgaben der Gegenwart zu meistern – etwa die Bewältigung von Verlusterfahrungen oder die Anpassung an sich ändernde Verhältnisse im privaten Wohnumfeld oder im Seniorenheim.

Auch bei Menschen mit Demenz tragen geeignete Gesprächs- und Schreibsituationen dazu bei, dass wesentliche Erinnerungen „wiederkommen". Wenn sie aufgeschrieben werden, können sie nicht nur den Umgang für Angehörige oder das Pflegepersonal erleichtern, sondern auch dem oder der Vergessenden selbst an die Hand gegeben werden, wie ein äußeres Gedächtnis (vgl. Eichenberg/Gudehus/Welzer 2010).

Zusammenfassung: Erzählen

Die meisten Menschen erzählen gerne von sich – um sich ihrer selbst zu vergewissern und Erfahrungen weiterzugeben. Dieses Bedürfnis wird in der Biografiearbeit aufgegriffen.
Wer erzählt – mündlich oder schriftlich – formt Erinnerungen zu Geschichten: Eine aktive und aktivierende Tätigkeit, die erheblich zur Lebenszufriedenheit beitragen kann.

Schreiben ist Seelenpflege

„Das Besondere am Schreiben: Ich kann es alleine machen, ohne mich einsam zu fühlen. Ich kann es weitergeben – dann haben andere auch etwas davon. Und wenn ich Glück habe, bekomme ich positive Rückmeldungen: ‚Ich wollte dich noch mal anrufen wegen deinem Text fürs ‚Blättchen' über die Wanderung. Der ist richtig schön geworden'"
Maria Adler, Teilnehmerin an meinem Schreibseminar „Damit es nicht verloren geht".

Schreiben vertieft Gedanken und Gefühle. Die Möglichkeit, das Geschriebene wieder hervorzuholen und zu lesen, schafft ein stilles Gegenüber. Wer schreibt, tritt in einen Dialog mit sich selbst ein, der zu weiteren Erinnerungen anregt. Die Suche nach den richtigen Worten – so mühsam sie manchmal ist – verhindert allzu schnelle Urteile und führt zu neuen Einsichten. Schreiben verdeutlicht und schärft die eigenen Überzeugungen, es hilft, Situationen und Gefühle zu klären und bringt aufs Papier und zur Ruhe, was einem manchmal bis zur Erschöpfung „im Kopf herum geht". Wegen dieser Wirkungen wird das Schreiben auch in vielen beruflichen oder persönlichen Zusammenhängen als „Denkwerkzeug", zur Motivation oder als Therapieform genutzt (vgl. Heimes 2012).

Gelegentlich kommen Menschen zweifelnd in meine Seminare und fragen: „Lohnt es sich überhaupt, über mein Leben zu schreiben? War mein Leben nicht zu gewöhnlich, zu banal?" Ich rate diesen Seminarteilnehmer*innen, es einfach auszuprobieren. Sobald ihre erste Geschichte fertig und vorgelesen ist, merken die meisten, wie bedeutsam das ist, was sie geschrieben haben – für sie selbst, und vielleicht auch für andere.

Das Schreiben (und Vorlesen) hilft ihnen, die Bedeutung in ihrem eigenen Leben wiederzuentdecken. „Nur wir selber können uns berauben", schreibt die Psychologin Verena Kast, „indem wir unsere Erinnerungen nicht wertschätzen" (Kast 2010, S. 44). Wer seine Lebensgeschichte oder Teile davon aufschreibt, kümmert sich um sich selbst und bringt seinem Leben die Wertschätzung entgegen, die es verdient. Schreiben ist Seelenpflege.

Damit es nicht verlorengeht

Zur unmittelbaren Wirksamkeit des Schreibens tritt ein unschätzbarer praktischer Vorteil: *Schreiben ist das einfachste Mittel, um Erinnerungen dauerhaft zu bewahren.* Darum nimmt es unter den Methoden der Biografiearbeit eine Sonderstellung ein. „Damit es nicht verloren geht" – so hieß ein Seminarangebot zum biografischen Schreiben des Referats 3./4. Lebensalter im Bistum Limburg. Dutzende Teilnehmer und Teilnehmerinnen sprach dieser Titel an: Sie wollten ihre Erinnerungsschätze bewahren und schriftlich weitergeben.

Eine mündliche Erzählung – in einer Gruppe oder im persönlichen Gespräch – befriedigt und belebt im Augenblick, doch ohne komplizierte Technik kann sie niemandem weitergegeben werden, nicht nach Monaten oder Jahren wieder gelesen werden, sie kann auch nicht vererbt werden.

„Schreib das doch auf!" – so lautet eine häufige Forderung von Enkeln an ihre Großmütter und Großväter. Die Geschenkbuch-Reihe „Erzähl mal!" der niederländischen Autorin Elma van Vliet erscheint in Deutschland seit 2007. Die Bücher könnten auch „Schreib mal!" heißen, weil vorgegebene Fragen direkt im Buch schriftlich beantwortet werden sollen. Mittlerweile wurden nach Auskunft des Verlags Droemer Knaur mehr als 3,5 Millionen Exemplare verkauft. Dieser Erfolg zeugt von dem Wunsch vieler Nachkommen, die Lebensgeschichte ihrer Angehörigen aufzubewahren – „für später".

Auch sehr viele Privatbiografien kommen auf Wunsch der Kinder oder Enkel zustande – selbst geschriebene und solche, die von professionellen Autoren umgesetzt werden. Die Autobiografien von Nelson Mandela oder Boris Becker liegen zwar in vielen Buchhandlungen – ich entschuldige mich dafür, beide in einem Atemzug zu nennen, aber vermutlich finden sie sich sogar im selben Regal. Doch wichtiger und bedeutsamer ist für jeden, der eines besitzt, das Buch des eigenen Vaters oder der eigenen Großmutter.

In Pflegeeinrichtungen wird die „biografische Dokumentation" aus anderen Gründen gefordert: Die Richtlinien des Medizinischen Dienstes Bund (2022) zur Qualitätsprüfung von Heimen und Pflegediensten verlangen überall dort biografische Informationen, wo es um die Pflege von Demenzkranken geht. Eigentlich eine Selbstverständlichkeit: Ein Pfleger oder eine Pflegerin sollte generell wissen, um wen er oder sie sich kümmert. Doch nur bei Dementen wird die Auseinandersetzung mit der Biografie gefordert. Denn sie können sich und ihre Gründe nicht mehr selbst erklären. Ihr heutiges Verhalten wird oft nur für den verständlich, der auch ihre Vergangenheit kennt.

Wenn Symptome einer Demenzkrankheit festgestellt werden, gibt es darum kaum etwas Wichtigeres, als die eigene Lebensgeschichte aufzuschreiben. Was ist schöner und nützlicher als ein Buch (oder Heft, Aktenordner, kommentierter Bildband), das vom gelebten Leben Zeugnis gibt – nicht mittels trockener Fakten und Daten, sondern in Form einer lesbaren Geschichte? Wir erleben es, wenn wir die Nachrichten sehen: Bloße Fakten lassen uns oft kalt. Doch eine Geschichte ermöglicht es uns, das Leben anderer zu verstehen, uns in fremdes Leid einzufühlen und uns mit anderen zu freuen.

In ihrer aufgeschriebenen Lebensgeschichte können die von Demenz Betroffenen auch selbst lesen und Fotos betrachten: Er oder sie spürt, wie seine oder ihre Persönlichkeit allmählich schwindet, doch in seinem Lebensbuch wird etwas davon bewahrt.

Wenn Mitarbeiter*innen von Pflegeheimen ein solches Buch in die Hand nehmen und zu blättern beginnen, werden sie berührt von der Tiefe und Würde, die jedes menschliche Leben ausmacht. Sie begreifen, dass der Mensch, der ihnen anvertraut ist, ein Leben lebt und eine Geschichte besitzt, die sich nicht in seiner Bedürftigkeit erschöpft.

Ähnliches gilt für Erwachsene mit kognitiven Beeinträchtigungen, die noch bei ihren Eltern leben. Auch für sie ist der Dokumentationsaspekt der Biografiearbeit besonders wichtig. Ein Lebensbuch – das nicht als geschlossene Erzählung, sondern eher als Ringbuch-Sammlung konzipiert ist – hilft dabei, die bisherige Lebensgeschichte zu erinnern und mitzuteilen. Besonders beim zumeist unvermeidlichen Übergang vom Elternhaus in eine Wohneinrichtung erweist sich ein Lebensbuch als bedeutsame Stütze (vgl. Lindmeier et al. 2018, S. 51 ff.).

Wie sich Schreibhemmungen überwinden lassen

Warum verzichten trotz dieser Vorteile viele „Biografiearbeiter*innen" auf das Schreiben? Das hat vor allem mit zwei Schwierigkeiten zu tun. Glücklicherweise lassen sie sich in den meisten Fällen überwinden.

Zum einen empfinden nicht wenige Menschen – und sicherlich auch ein Teil ihrer Angehörigen und der Mitarbeiter*innen von Sozialdiensten – eine gewisse *Scheu vor dem Schreiben.* Diese Scheu ergibt sich vor allem aus der Tatsache, dass Geschriebenes nachgelesen werden kann. Anders als beim flüchtigen mündlichen Erzählen vergleichen sich viele dabei mit Könnern des Fachs – mit Schriftstellern, Dichtern, Journalisten – und gelegentlich stehen die Gespenster früherer Deutschlehrer im Raum und erschrecken Schreibwillige mit Warnungen vor Rechtschreibfehlern und dergleichen.

Einen (oft übertrieben) großen Respekt vor allem Schriftlichen hegen

Menschen, die aufgrund der Zeitumstände oder aus persönlichen Gründen keine formale Schulbildung erwerben konnten, und Einwanderer, für die das Deutsche eine Fremdsprache geblieben ist. Immer lohnt es sich, genauer hinzusehen, ob der Betreffende wirklich nichts aufschreiben kann oder ob ihm vor allem das Selbstbewusstsein dazu fehlt.

Gegen Schreibscheu gibt es erprobte Mittel. Zunächst ist es wichtig klarzustellen, dass es beim biografischen Schreiben *kein Richtig oder Falsch* gibt: Es geht nicht um ein „korrektes" oder gar literarisches Schreiben, sondern darum, schreibend zu erzählen. Auf das Persönliche kommt es an, weniger auf die Form oder die Einhaltung von Regeln. Wer zum biografischen Schreiben anregen möchte, sollte nicht müde werden, das zu betonen – mehr dazu im nächsten Abschnitt.

Sobald nun – mit Freundlichkeit und Ermutigung – die ersten Widerstände überwunden und einige Seiten beschrieben sind, wird die Schreib-Erzähler*in ein wenig stolz auf ihr Werk sein. Gerade, wenn es Mühe gekostet hat. Dieser *Werkstolz,* zunächst nur ein zartes Pflänzchen, lässt sich pflegen. Das Geschriebene sollte vorgelesen oder ausgestellt, schön gestaltet und in jeder Hinsicht gewürdigt werden. Wenn ein solcher positiver Umgang mit den entstandenen Werken gelingt, lässt die Scheu vor dem Schreiben nach. An ihre Stelle tritt die Freude über das Geleistete und eine neu- oder wiederentdeckte Fähigkeit.

Eine zweite Schwierigkeit, die das schreibende Erzählen verhindert, liegt in den Beeinträchtigungen, die das Alter häufig mit sich bringt. *Oft geht das Schreiben (mit der Hand) recht langsam,* die Augen ermüden schneller, längere Konzentrationsphasen kosten Kraft. Ein leeres Heft oder Notizbuch lässt für langsame Schreiber schnell das Gefühl aufkommen, einer Herkulesaufgabe gegenüberzustehen.

Die Erzählblätter dieses Praxismaterials machen die Aufgabe dagegen übersichtlich. Sie stellen einen begrenzten Raum zur Verfügung und verlangen keine Ausführlichkeit: Schon wenige Zeilen sind viel wert. Später finden sich vielleicht die Zeit und die Energie, um weiter zu schreiben.

Wenn die Linien eines Erzählblattes nicht ausreichen sollten, um die Geschichten und Gedanken der Schreibenden zu fassen: umso besser! Denn im Gegensatz zu gebundenen Fragebüchern, die feste Abstände zwischen ihren Fragen vorgeben müssen, können die Kopiervorlagen dieses Buches beliebig mit leeren Blättern (oder dem Zusatz-Erzählblatt) ergänzt werden.

Auf diese Wiese können die Schreibimpulse und -aufgaben an die Kräfte und Fähigkeiten der jeweiligen Schreib-Erzähler*innen angepasst werden. Natürlich auch in der Auswahl der Themen. Und wer gar nicht (mehr) schreiben kann, der darf erzählen: Es ist nicht notwendig, dass die Erzählblätter von den

Erzähler*innen selbst ausgefüllt werden, solange diese bestimmen, was aufgeschrieben wird und was nicht. Ebenso wie bei älteren Menschen oder Menschen mit Behinderung gilt das für Kinder, die aus therapeutischen Gründen zur Biografiearbeit angeleitet werden (vgl. Ryan/Walker 2003).

In den folgenden Abschnitten geht es um den unterschiedlichen Umgang mit den Erzählblättern: Zwischen einer Schreibgruppe, einem „biografischen Paar" (bei dem die eine erzählt und der andere schreibt) und der eigenständigen Beschäftigung mit den Erzählblättern ist alles möglich.

Zusammenfassung: Schreiben

Schreiben vertieft die Auseinandersetzung mit dem eigenen Leben, und es ist das wichtigste Mittel, um Erinnerungen zu bewahren.

Der Scheu vor dem schriftlichen Ausdruck kann mit Freundlichkeit und Ermutigung begegnet werden. Die wirksamste Ermutigung ist der Stolz auf das geschaffene Werk.

Wenn das Schreiben per Hand nicht mehr gelingen will, muss „diktiert" werden.

Schreibgruppen organisieren und ermutigen

Erzählblätter erleichtern die Organisation und die Durchführung von Veranstaltungen zum biografischen Schreiben. Dabei kann es sich um ein Seminar zur Biografiearbeit mit Schreibanteilen handeln, eine Veranstaltungsreihe in einer Bildungseinrichtung, einem regelmäßigen privaten oder öffentlichen Schreibtreff oder um eine Schreibgruppe im Seniorenheim.

Der wichtigste Unterschied zwischen den Veranstaltungsformen liegt darin, ob sich die Teilnehmer*innen – nachdem sie über eine Ausschreibung oder anderweitig informiert wurden – aktiv anmelden, oder ob es sich um Gruppen handelt, die zum Sozial- und Beschäftigungsangebot einer Einrichtung gehören.

Wer sich zu einer Schreibgruppe anmeldet, wünscht sich und erwartet Anregungen zum Schreiben, die über theoretische Überlegungen oder die bloße Auflistung von Themen hinausgehen: Schreibimpulse. *Jedes Erzählblatt enthält einen Schreibimpuls,* der durch die Gruppenleitung und im gemeinsamen Gespräch erläutert und vertieft werden sollte. Spontan oder nach etwas Bedenkzeit entscheidet sich die oder der Teilnehmende dann für einen bestimmten Inhalt oder ein konkretes Erlebnis, über das sie oder er schreiben möchte. „Impuls“ bedeutet „Anstoß“: Ein Impuls gibt also den Anstoß zum Schreiben, macht einen guten Anfang möglich, gibt vielleicht eine Richtung vor, bestimmt aber nicht, wie es weitergeht.

Vom Impuls angeregt – der in Form des Erzählblatts das Schreiben begleitet – benötigen die Teilnehmer*innen in der Regel niemanden mehr, um ihre Geschichten und Gedanken zu Papier zu bringen. Für das eigene Schreiben sollte darum genügend Zeit zur Verfügung stehen. Neben Wochenendseminaren sind Tages- oder Halbtages-Veranstaltungen möglich, oder die Treffen werden so geplant, dass die eigentliche Schreibzeit zwischen ihnen liegt.

Das Gruppenerlebnis und die äußerst wichtige gegenseitige Unterstützung der Schreib-Erzähler*innen stellt sich ein, wenn die Ergebnisse des „einsamen“ Schreibprozesses vorgelesen werden. Darum gilt: *Kein Schreibtreffen ohne Leserunde!*

Bei literarischen Schreibgruppen, denen in erster Linie an der Verbesserung ihrer Texte oder Fähigkeiten gelegen ist, dienen die Leserunden als Qualitätstest. Die Rückmeldungen der anderen Teilnehmer*innen und der Leitung sollen den Text – und nicht die Person – in den Mittelpunkt stellen und Stärken wie Schwächen der geschriebenen Geschichte möglichst konkret benennen.

Bei Schreibgruppen in der Biografiearbeit ist die Lage anders: Hier kommt es darauf an, die Schreibenden zu ermutigen. Wer ein Stück seiner Lebenserinnerungen vorliest, offenbart neben einem gewissen (mehr oder weniger großen) Schreibgeschick auch einen Teil der eigenen persönlichen Geschichte, seiner Gefühle und Gedanken, die nicht wie ein Text kritisiert und verbessert werden können. Darum sollten die Rückmeldungen stets ermutigend ausfallen, auch wenn – je nachdem, um wen es sich handelt – der eine oder andere handwerkliche Tipp durchaus gewollt und angebracht sein kann. Doch *Anerkennung und Wertschätzung geht vor Kritik.*

Ablaufschema für ein Schreibtreffen

	Methoden	Zeitbedarf
1. Anfangsrunde	*Bei Seminaren oder neuen Gruppen:* sich gegenseitig vorstellen. *Bei weiteren Treffen:* Blitzlicht „Wie geht es mir (heute) mit dem Erinnern und Schreiben ?"	Das Kennenlernen kann auch ein ganzes Treffen in Anspruch nehmen. Zwei Minuten für jeden.
2. Einführung ins Thema/ Schreibimpuls	Anregungen dazu finden sich in den Hinweisen zu den Erzählblättern.	15 Minuten.
3. Schreibzeit	*Geeignete Räume/Tische:* Manche schreiben gerne in der Runde, andere ziehen sich lieber in eine gemütliche Ecke zurück.	Je nach Teilnehmer*innen, Themen und den sonstigen Möglichkeiten 15 bis 60 Minuten.
4. Leserunde	*Beim ersten Mal:* Einführung zum Ablauf der Leserunde und zum Sinn von Rückmeldungen. Alle Teilnehmer*innen lesen vor, die Reihenfolge bestimmen sie selbst. So kann sich eine Geschichte in der anderen spiegeln. Im Anschluss an jeden Text haben die anderen Teilnehmer Gelegenheit, ihre Eindrücke wiederzugeben (Rückmeldung). Die Leitung sollte sich zurückhalten und sich an den Entwicklungsmöglichkeiten der Schreibenden orientieren, nicht an vermeintlich geltenden (Recht-)Schreibregeln.	Jedem sollte ungefähr die gleiche Lesezeit zur Verfügung stehen (die Rückmeldungen eingeschlossen). Bei 30 Minuten Schreibzeit etwa fünf Minuten pro Teilnehmer*in. Bei längerer Schreibzeit verlängert sich natürlich auch die Lesezeit, Anzahl und Länge der Rückmeldungen bleiben jedoch ungefähr gleich.
5. Abschlussrunde	Blitzlicht „Was ich noch zu sagen hätte", Ausblick auf Künftiges.	Zwei Minuten für jeden.

Bei zehn Schreib-Erzähler*innen und 30 Minuten Schreibzeit addiert sich der Zeitbedarf auf etwa zweieinhalb Stunden, Pausen nicht eingerechnet. Dafür eignet sich ein Vor- oder Nachmittag. Der Rhythmus „Impuls – Schreibzeit – Leserunde" gilt auch für längere Seminare.

Die Dauer eines Schreibtreffens und die Gruppengröße sollten an die Kräfte und Fähigkeiten der (erwarteten) Teilnehmer angepasst sein. Treffen von 90 Minuten, wie sie bei kreativen Schreibgruppen üblich sind, sind für das biografische Schreiben in der Regel zu kurz. Das Eintauchen in persönliche Erinnerungen – und das Wiederauftauchen – verlangen eine ruhige Gangart. Und es ist gut, wenn am Ende des jeweiligen Treffens noch Zeit bleibt, um sich auszutauschen und sicher zu gehen, dass alle Teilnehmer*innen stabil nach Hause kommen und nicht mit „geweckten" belastenden Erinnerungen allein gelassen werden.

Die Größe der Gruppe wird vor allem durch die Lesezeit begrenzt. Da alle die Gelegenheit haben sollen, vorzulesen, steigt sie mit der Teilnehmerzahl. Und da jeder Leser aktive Zuhörer verdient hat, muss auch deren Aufnahmefähigkeit berücksichtigt werden. Auch die der Leitung. Für Tages- und Halbtages-Veranstaltungen empfehle ich deshalb nicht mehr als zwölf Teilnehmer, für Wochenenden maximal 16.

Schreibgruppen in sozialen Einrichtungen

Bei Gruppen, die zum Angebot einer Wohn- und Pflegeeinrichtung gehören, sind die Erwartungen der Teilnehmer*innen weniger klar aufs Schreiben gerichtet. Wenn es Spaß machen soll, muss die Atmosphäre stimmen, und es darf nicht zu anstrengend sein. Das Schreiben kann nach und nach intensiviert werden, sodass das Vertrauen und der Werkstolz, von dem im vorigen Kapitel die Rede war, sich allmählich einstellen können. „Je länger sich die Teilnehmenden mit der Verschriftlichung ihrer Erinnerungen befassen, desto ehrgeiziger werden sie in der Regel" (Osborn/Schweitzer/Trilling 2013, S. 66).

Die Dauer der Treffen sollte hier zwei Stunden nicht überschreiten. Das wird möglich durch kürzere Schreibzeiten und weniger Teilnehmende, etwa sechs bis acht. Sind es noch weniger, gerät der einzelne unter Druck und die förderliche Wirkung der Gruppe – Anteilnahme, Zugehörigkeit, Lebendigkeit – verschwindet. Können Erzähler*innen nicht mehr selbst schreiben, hören sie schlecht oder sind sie recht verwirrt, sollten Helfer*innen hinzugezogen werden.

An den schwarzen Brettern von Wohn- und Pflegeheimen sind Gymnastikangebote ebenso zu finden wie Spieleabende, Kegeln oder das schon beinahe berüchtigte Bingo, Bastelrunden und Seidenmalerei, Kochen und Backen, Hundestreichelstunden und vieles mehr. Nicht wenig fällt in die Kategorie *Zerstreuung.* Wenn es woanders angeboten würde, würde es wohl als leichte

Unterhaltung gelten, oder – wie bei einem Handarbeitskreis – in erster Linie als Anlass dafür, mit anderen zusammen zu kommen und zu plaudern. Marion Jettenberger weist zu Recht darauf hin, dass allzu viel Beschäftigungsprogramm dazu führen kann, von der eigentliche Aufgabe des Alters abzulenken, nämlich zurückzuschauen, Bilanz zu ziehen, zu trauern und sich (vielleicht) zu versöhnen (Jettenberger 2013, S. 58).

Aktivitäten, die *Konzentration* erfordern, findet man vor allem unter dem Titel „Gedächtnistraining". Erst in jüngerer Zeit trat die Biografiearbeit hinzu, und zwar auf zwei Wegen. Erstens durch das Dickicht der Demenz, wo die Biografie des Einzelnen unzugänglich und damit zum Gegenstand verstärkter Bemühungen wird. In diesem Zusammenhang fällt häufig das Stichwort „Erinnerungspflege", dessen doppelte Bedeutung – Pflegen der Erinnerung und Pflegen durch/mit Erinnerungen – die Aufgabe gut beschreibt.

Der zweite Weg zur Biografiearbeit führte über die Lichtung der Bildungsarbeit, die zunehmend auch die Lern- und Bildungsfähigkeit älterer Menschen und ihre besonderen Interessen entdeckte.

Das biografische Schreiben hat den Ruf, zu den „schwierigen" Methoden zu gehören, auch wenn es manchen Menschen sicherlich leichter fällt als etwa die Rechenaufgaben, die zum Repertoire des Gedächtnistrainings gehören. Und was geleistet werden kann, hängt nicht zuletzt vom inneren Antrieb ab. Ist dieser nicht größer, wenn es um die Weitergabe der eigenen Erfahrungen geht, als beim Auswendiglernen mehrstelliger Zahlen – einer beliebten Gedächtnisübung? Sicherlich gehört das Schreiben (wie das mündliche Erzählen) zu den Tätigkeiten, die Konzentration erfordern. Konzentrationsübungen jedoch gibt es auch im Gedächtnistraining – nur häufig ohne Bezug auf sinnhafte Inhalte.

Sachlich sehe ich also keinen Grund, dem Gedächtnistraining gegenüber dem biografischen Schreiben den Vortritt zu lassen. Beim Schreiben werden geistige wie seelische Kräfte angespannt. Darin liegt kein Nachteil, sondern ein großer Vorteil. Von der Mühe der Wortfindung bis zum Mut, den es verlangt, wahrhaftig zu erzählen, ist das biografische Schreiben eine altersgerechte Herausforderung. Kein bloßes „Training" für ein Spiel, das vielleicht nicht mehr stattfindet, keine Übung, sondern unmittelbar schöpferische Tätigkeit. Auch Gefühle kommen ins Spiel, vergangene und heutige, und damit der ganze Mensch.

Von der Schreibscheu war bereits die Rede. Während in der Regel niemand auf die Idee kommt, dass nur Fotografen fotografieren sollten und Schnappschüsse ironisch kommentiert, stoße ich noch immer gelegentlich auf das Vorurteil, das Schreiben sei in erster Linie Beruf der Schriftsteller und wer es versuche, sei wohl etwas überspannt. Nicht zu unterschätzen ist die soziale Dynamik in einer Senioreneinrichtung, mit ihren eigenen Regeln und Erwartungen, die vielen Bewohner*innen eher Zurückhaltung nahelegen.

Aus diesen Gründen ist *für eine biografischen Schreibgruppe in einer Senioreneinrichtung eine gute Einbettung notwendig.* Und das heißt dreierlei:

1. Die Schreibgruppe sollte sich möglichst nahtlos ins übrige Angebot der Einrichtung einfügen und die Unterstützung der Sozialdienstleitung genießen. Keinesfalls sollte es als „höherwertiges" Zusatzangebot verstanden werden.
2. Bevor eine Schreibgruppe startet, sollte die Leiterin oder der Leiter mit der Einrichtung vertraut sein. Wichtig ist eine gute Vertrauensbasis zwischen allen Beteiligten. So ist auch der zu Beginn notwendige lange Atem gewährleistet. Ältere Menschen benötigen in der Regel eine längere Eingewöhnungszeit.
3. Das Schreiben sollte nicht die einzige Aktivität der Gruppe sein. Vor allem in der Kennenlernphase sollten auch niedrigschwelligere Methoden eingesetzt werden. Je nach Charakter der Einrichtung und den ersten Rückmeldungen möglicher Teilnehmer*innen kann es sich empfehlen, von einer „Erinnerungsgruppe" zu sprechen, was sie in jedem Fall auch sein wird. Nachdem einige Erzählblätter ins Spiel gekommen sind, wird das Schreiben allmählich intensiviert. Für den Beginn eignen sich besonders die Erzählblätter 01, 15, 16, 31, 38, 54, 55, 56 und 60.

Was muss eine Schreibgruppenleiter*in können?

„Wichtigste Voraussetzung für erinnerungsbezogene Aktivitäten ist […] ein Umfeld […], das Vertrauen vermittelt, zu Austausch einlädt und jeden zu Wort kommen lässt. Die Gesprächsleitung sorgt dafür, dass sich alle wohl fühlen, zurückhaltendes Schweigen respektiert wird und scheinbar ‚unbedeutende' Beiträge auf Aufmerksamkeit stoßen", heißt es bei Osborne, Schweitzer und Trilling (2013, S. 15).

Welche Fähigkeiten helfen Ihnen dabei, eine biografische Schreibgruppe zu leiten? Zunächst möchte ich betonen, dass Sie kein*e besonders versierte*r Schreiber*in sein müssen. Vor allem sollten Sie Freude an Lebensgeschichten haben – erzählt und geschrieben – und sie ernst nehmen. Schließlich geht es nicht um eine lustige Erzählrunde, nicht um bloße Anekdoten, sondern um das gelebte Leben eines Menschen. Freilich ohne dass der Spaß zu kurz kommen muss.

Sie sollten Freude auch an geschriebenen Texten und am Lesen haben.

„Welches Wort würde hier passen?", „In welcher Reihenfolge erzählt man diese Geschichten?" – diese Fragen sollten Ihnen nicht gleichgültig sein. Das biografische Schreiben hat eben zwei Seiten – die Beschäftigung mit den Erinnerungen und das Bewahren in Texten. Wenn es darum geht, einige schwer leserliche Zeilen abzutippen oder eine mündliche Erzählung zu protokollieren, vergeht Ihnen hoffentlich nicht sofort die Lust.

Die Erzählblätter unterstützen Sie dabei, den richtigen Einstieg zu finden. Am besten ist es, wenn Sie sie selbst ausprobieren. Es empfiehlt sich auch, selbst an einer Schreibgruppe oder einer entsprechenden Fortbildung teilzunehmen – so erfahren Sie, wie es sich anfühlt, die eigenen Lebenserinnerungen vorzulesen, wie Rückmeldungen der Gruppe wirken, welche Reaktionen der Gruppenleitung hilfreich und welche weniger hilfreich sind.

Grübeln Sie nicht, ob Ihre „schriftstellerischen" Kenntnisse dafür ausreichen, Schreibende zu begleiten. Beim biografischen Schreiben geht es weder in erster noch in zweiter Linie um eine „fachliche" Beurteilung der entstehenden Texte. Das wichtigste Beurteilungskriterium für Erinnerungstexte ist Ihnen als Zuhörer*in und Leser*in mitgegeben: die *Verständlichkeit.* Wenn Sie – und die Mitglieder der Gruppe – den Erinnerungstext verstehen, genügt er den Anforderungen. Falls nicht, sollten Sie Fragen stellen: Verständnisfragen sind die hilfreichste Art von Rückmeldungen in einer Leserunde. Gelegentlich ist es angebracht, verschiedene Formulierungen vorzuschlagen, um herauszufinden, was der Schreibende ausdrücken wollte. Was am meisten zum verständlichen Erzählen und Schreiben beiträgt, ist die Schreibgruppe selbst. Sie ist von Grund auf kommunikativ, das heißt auf Mitteilung und Verständigung ausgelegt.

Drei Tipps für Schreibgruppenleiter*innen

1. *Geschichten sind Boote im Fluss des Erzählens.* Geschichten lenken die Aufmerksamkeit des Zuhörers oder der Leserin auf einen bestimmten Aspekt der Lebensreise. Achten Sie auf diese „Boote" und stellen Sie wenn nötig Hilfsfragen, um aus Berichten oder Erinnerungsteilen Geschichte werden zu lassen.

   - „Und wie endete das Hochzeitsfest ?" – denn das Ende von Geschichten wird häufig nicht miterzählt.
   - „Worüber stritten Sie sich denn ?" – denn gelegentlich fehlt der eigentliche „Motor" der Geschichte.
   - „Was wollte er denn erreichen ?" – denn die Motive der handelnden Personen sind nicht immer verständlich.

Nicht alles biografische Schreiben hat die Form von Geschichten – aber bei den Geschichten können wir uns ausruhen, als Leser und als Autorinnen.

2. *Wahrhaftigkeit ist etwas anderes als Korrektheit.* Achten Sie darauf, dass Sie als Leiter*in einer Schreibgruppe nicht die Tatsachen der Vergangenheit, Fakten und Daten, in den Mittelpunkt stellen. Auch wenn die Erzähler*in ein bestimmtes Erlebnis nicht richtig einordnen kann, ist es ein – unter Umständen wichtiger – Teil ihrer Lebenserinnerungen. Mit nichts kann man den Gesprächsfluss so schnell zum Stocken bringen wie mit dieser Frage: „An welchem Tag war das genau?"
3. *Der Wert von Lebensweisheiten liegt nicht in ihrer Formulierung.* So manche tief gefühlte Erkenntnis liest sich banal wie ein Kalenderblatt. Doch auch das Spruchhafte ist autobiografisch, solange es erkennbar der Lebenserfahrung der Schreibenden entspringt.

*Ihre Aufgabe als Schreibgruppenleiter*in ist es, zu ermutigen,* indem Sie das, was schreibend erzählt werden soll, ernster nehmen als die Regeln, die das Schreiben oft nur belasten. Zum Beispiel Rechtschreibregeln – die sich ändern können, wie wir inzwischen wissen – oder überkommene Regeln der „Aufsatzerziehung", etwa die steifen Einleitungs- und Schlusssätze früherer Schulaufsätze. Hier geht es wie in anderen Fällen darum, künstliche Sonderregeln für den schriftlichen Ausdruck abzubauen und möglichst nahe am mündlichen Erzählen zu bleiben.

Wenn Sie als Schreibgruppenleiter*in also um einen Ratschlag verlegen sein sollten, wird sich einer dieser beiden in den meisten Fällen als hilfreich erweisen:

1. „Schreiben Sie so, wie es Ihnen am besten gefällt."
2. „Schreiben Sie so, wie Sie es (einem Freund oder einer Freundin) erzählen würden."

Natürlich hilft es, wenn Sie ein Gespür für Formulierungen haben, Erfahrungen mit Erinnerungstexten oder sich ganz allgemein sicher fühlen, wenn es um den schriftlichen Ausdruck geht. Denn diese Sicherheit überträgt sich auf die Mitglieder der Gruppe und hilft ihnen, sich beispielsweise über vermeintlich hilfreiche Regeln hinwegzusetzen.

Doch für den Erfolg einer Schreibgruppe sind Ihre sozialen und organisatorischen Fähigkeiten, Ihr Einfühlungsvermögen und nicht zuletzt Ihr lebendiges Interesse wichtiger als jedes schriftstellerische Talent.

Zusammenfassung: Schreibgruppen

Schreibgruppen nach Anmeldung und Erinnerungsgruppen in Senioreneinrichtungen unterscheiden sich in vielen Aspekten voneinander.

Schreiben ist nicht grundsätzlich schwieriger als Gedächtnistraining, es fördert das Gedächtnis nicht im Trainingsmodus, sondern als schöpferische Tätigkeit und eine dem Alter angemessene Herausforderung.

Wer biografische Schreibgruppen leitet, sollte die Fähigkeit und die Absicht besitzen, die Menschen in den Mittelpunkt zu stellen, nicht die Beurteilung der Texte. Es geht darum, dass die Teilnehmer*innen schreibend von sich erzählen.

Im Briefkasten steckte ein großer Umschlag. Die Absenderin ist Schwester Leokadia Weimer, eine Pallottinerin aus Limburg. Keine Post, die ich erwartet hätte!

Im Bildungshaus der Pallottinerinnen, gleich neben dem Schwesternhaus, hatte ich eine Veranstaltung zum biografischen Schreiben angeboten, sodass es für Schwester Leokadia möglich gewesen war, teilzunehmen. Das Schreibtempo der Gruppe war etwas zu flott. Wenn ich mich richtig erinnere, schaffte sie nur wenige Zeilen, und schon begann die Leserunde. Doch diese Zeilen und die Einblicke in ihr Leben, mit denen sie sie ergänzte, wurden von der Gruppe aufmerksam und ermutigend aufgenommen.

Das letzte Thema des Tages hieß „Mein Schreibplan": Schwester Leokadia überlegte sogleich, wie es für sie weitergehen könne, wer ihr vor allem dabei helfen könne, das in zwar langsamer aber gut leserlicher Handschrift Festgehaltene in den Computer zu übertragen.

Zu anderen Seminarorten konnte mir die 87-jährige, von Diabetes geplagte Ordensschwester nicht folgen. Sie wartete – bis ich gut zwei Jahre später wieder in ihre Nachbarschaft kam. Was hatte sie inzwischen geschrieben? Nicht allzu viel, sagte sie, ihre Helferin sei inzwischen abberufen worden und sie habe sich eine andere suchen müssen. Wie gut jedoch diese neue Zusammenarbeit funktionierte, zeigte sich am zweiten Tag: Die Probe-Gliederung, die ich angeregt hatte, war ordentlich abgetippt.

Außerdem schrieb sie einen Reisebericht und ich erinnere mich, wie die Teilnehmer*innen sie darin bestärkten, doch neben den Eckdaten der Reise auch ihre ganz persönlichen Eindrücke wiederzugeben. Denselben Bericht kann ich nun in ihrem Lebensheft nachlesen – denn das war es, was ich im großen Umschlag fand: Ein 61-seitiges Heft im A4-Format, illustriert mit vielen farbigen Bildern. Der Titel: „Erinnerungen aus meinem Leben. Bericht von Schwester M. Leokadia Weimer, SAC". Darin sehr persönliche Abschnitte, die zu veröffentlichen ihr vermutlich nicht leicht gefallen sind. Doch gerade sie machen die Erinnerungen Schwester Leokadias zu dem Lebens- und Glaubenszeugnis, das sie schreiben wollte – damit, getreu dem Motto des Kurses, „nichts verloren geht".

„Ihnen verdanke ich die Idee", schrieb mir Schwester Leokadia, doch ich vermute, dass unser Seminar allenfalls den letzten Anstoß lieferte: einen Schreibimpuls eben. Wichtiger für sie war in jedem Fall, dass sie Helferinnen fand, die ihren Aufzeichnungen die notwendige Wertschätzung entgegenbrachten – und sich ein wenig mit dem Computer auskannten.

(Schwester Leokadia starb 2018 beinahe 94-jährig. Ihre schriftlichen Erinnerungen gehen nicht verloren.)

Biografische Paare

Nicht alle, die ihr Leben be-schreiben möchten, arbeiten gerne in Gruppen oder haben die Möglichkeit dazu. Oftmals fehlt das passende Angebot. Die nächste Stadt ist zu weit weg, oder die bestehende Gruppe entspricht nicht den eigenen Wünschen.

In Senioreneinrichtungen herrscht – durch die Umstände bedingt – oft eine ungewohnte Nähe unter Mitbewohnern. So kann der Wunsch nach einem biografischen Rückzugsraum entstehen: „Dieser Mitbewohnerin möchte ich nichts von meinem Leben erzählen!" Oder umgekehrt: „Dieser Nachbar redet ohnehin schon immer von sich!"

Was auch immer der Grund dafür sein mag, nicht an einer – grundsätzlich förderlichen – Erinnerungs- oder Schreibgruppe teilzunehmen: Er muss nicht zwangsläufig dazu führen, dass man allein erinnert und schreibt.

Großmutter und Enkelkind, Heimbewohner und Pflegekraft, Freunde oder – wie im Fall von Schwester Leokadia – Ordensgeschwister: Sie alle können „biografische Paare" bilden. Einer von beiden erzählt oder schreibt, der andere hört zu, schreibt mit oder hilft dabei, das Geschriebene zu bewahren und in Form zu bringen. Ein biografisches Paar sind also zwei, die sich zusammentun, um ein Leben („bio") zu beschreiben („grafie").

Zwar steht eine*r im Mittelpunkt, um ihr oder sein Leben geht es, doch dessen Beschreibung und Bewahrung sollte ein Anliegen beider sein und beiden Freude bereiten. Wie die Arbeit des biografischen Paars genau aussieht, hängt dann von den jeweiligen Fähigkeiten und Interessen ab. Das Wichtigste ist also der Wunsch beider biografischer Partner, Erinnerungen und Erfahrungen zu bewahren.

Doch wenn beide keine Vorstellung davon haben, in welcher Form das Leben „eingefangen" werden könnte? Wenn sie unsicher sind, was zu tun ist? Dann droht das Unternehmen zu versanden, noch bevor es Fahrt aufgenommen hat. „Mein ganzes Leben – wo soll ich da anfangen?" „Wie kann ich – beim Notieren – das Wesentliche vom Nebensächlichen trennen?"

Jede Reise beginnt mit dem ersten Schritt – hilft das hier weiter? Ja, wenn man weiß, wie der erste Schritt aussehen könnte. *Ich schlage vor, mit einem Erzählblatt anzufangen.*

Die Erzählblätter eignen sich besonders für den Beginn einer biografischen Zusammenarbeit. Bereits wenn die biografischen Partner*innen die verschiedenen Arten von Erzählblättern gemeinsam durchsehen, verständigen sie sich über die Art und Weise, wie sie sich den Erinnerungen nähern wollen, über die Zugangsweise zum biografischen Schreiben (vgl. Teil II), die ihnen gemeinsam entspricht. Sie suchen sich ein Blatt aus, und sobald es besprochen ist und einige Zeilen gefüllt sind, ist der erste Schritt getan. Nach einigen Schritten und Blättern kommt vermutlich die Frage auf, wie man sie sortieren könnte. Mit Blick auf das bereits Geleistete wächst jetzt vielleicht der Ehrgeiz, und allmählich entstehen Vorstellungen davon, welche Form eine Zusammenfassung der Blätter haben sollte, ob sie abgetippt oder überarbeitet werden sollen, ob sie mit Fotografien angereichert werden sollen und vieles mehr.

Um genauer zu erklären, wie die Erzählblätter von einem biografischen Paar verwendet werden können, erfinde ich zwei Beispiele. Sie stehen für das große Spektrum möglicher biografischer Partnerschaften.

Katharina und Karl

Im ersten Beispiel möchte Katharina, die Enkelin, mehr über das Leben ihres Großvaters Karl erfahren. Katharina studiert und wohnt in einer anderen Stadt, sodass sie ihn nur selten besuchen kann. Und sie vergisst so schnell, denkt sie, darum möchte sie seine Geschichten aufschreiben. An Weihnachten hatte sie Karl schon ein Erinnerungsbuch mit vielen Fragen geschenkt, doch erstens gefielen ihm die Bilder nicht – „Was habe ich denn mit Studentenkrawallen zu tun?“, fragte er, als er beim Durchblättern eine entsprechende Fotografie entdeckte – und zweitens waren es ihm viel zu viele Fragen: „Da fällt mir gar nichts ein. Das passt ja gar nicht zu mir!“

Statt ein ganzes Buch voller Fragen, sucht Katharina nun ein Erzählblatt aus, das ihr besonders geeignet erscheint – vielleicht das Erzählblatt 05, weil sie weiß, dass ihr Großvater ein begeisterter Rodler war, oder das Erzählblatt 33, wo es um Beruf(ung) geht? Sie nimmt sich vor: Pro Besuch ein Erzählblatt, oder mehrere, wenn Großvater damit einverstanden ist. Zwar bietet sie ihm an, sie gleich auszufüllen, doch nach zwei Blättern entscheidet sich Karl dafür, es doch selbst zu tun. Manche Blätter, wie die zum Beruf, wachsen sich zu umfangreichen Kapiteln aus, andere behandelt Karl nur knapp oder er sortiert sie ganz aus. Mit dem spielerischen Zugang der Blätter 51 bis 60 kann er nicht viel anfangen, nur die Karte seines Lebens entwirft der Großvater mit Genuss.

Andreas und Frau Schneider

Im zweiten Beispiel besucht der frühpensionierte Forstbeamte Andreas ehrenamtlich eine Bewohnerin des hiesigen Seniorenzentrums. Nach einiger Zeit stimmt es ihn unzufrieden, dass er mit Frau Schneider scheinbar immer die gleichen Gespräche führt. Sie zeigt sich oft lustlos, und er hat nicht das Gefühl, dass er sie mit seinem Geplauder oder den Blumen, die er mitbringt, wirklich aufheitern kann. Nur einmal, als er von einem Fest berichtete, wurde sie lebendiger und erzählte, wie gerne sie in ihrer Jugend getanzt habe, sie sang sogar leise einen Schlager: „Ich tanze mit dir in den Himmel hinein …"

Andreas beschließt, der beinahe blinden Frau Schneider häufiger die Gelegenheit zu geben, „von früher" zu erzählen. Vielleicht sollte er selbst weniger „unterhaltsam" auftreten? Ihr mehr Zeit lassen, sich zu besinnen? Würde ihr dann etwas einfallen?

Zu seinem nächsten Besuch bei Frau Schneider nimmt er Erzählblatt 55 mit – „Ein Lieblingslied" – und schreibt mit, was sie erzählt. Tatsächlich wiederholt sie beinahe wörtlich ihre Tanzstundengeschichte. Einiges muss er auslassen, weil er nicht schnell genug mitschreiben kann. Doch zu Hause setzt er sich an den Computer – der ihm nach der Pensionierung zu einer Art Hobby geworden ist – und tippt alles ab. Dabei fällt ihm das meiste wieder ein, was er sich nicht gleich notieren konnte. Im Internet sucht er nach dem genauen Text des Schlagers und fügt Bilder von Lilian Harvey und Willy Fritsch ein, die den Schlager einst gesungen haben. Beim nächsten Besuch liest er den entstandenen Text vor, was Frau Schneider mit einem Lächeln quittiert. „Ich höre Ihnen gerne zu", sagt sie. Nur eine Korrektur hat sie – Franz hieß ihr Tanzpartner, nicht etwa Hans. Gerne ist sie bereit, Andreas dabei zu „helfen", ein weiteres Erzählblatt auszufüllen. Im Laufe von zwei Jahren schreiben sie auf diese Weise eine ganze Schneider-Biografie. In Ich-Form oder in der dritten Person? Beides wäre möglich.

Wenn Erwachsene (etwa ein Erzieher oder eine Pflegemutter), Biografiearbeit mit Kindern oder Jugendlichen betreiben, um diesen ein besseres Verständnis der eigenen Herkunft zu ermöglichen, fungieren auch sie als biografische Partner. Allerdings, wie stets in einer solchen Konstellation, mit erhöhten Anforderungen und einer besonderen Verantwortung (vgl. dazu ausführlich Ryan/Walker 2003). Weitere Beispiele für biografische Paare finden sich in Teil III.

Wie aktiv der Erzähler oder die Schreibende im Umgang mit den Erzählblättern wird, und welche Aufgaben der biografische Partner übernimmt, ist von Fall zu Fall verschieden. Es wäre möglich, dass eine Partnerin den Schreibenden lediglich auf die Blätter hinweist und – unverzichtbar! – sie liest oder gut zuhört, wenn sie ihm nach und nach vorgelesen werden. Umgekehrt könnte es vorkommen, dass die Erzählende die Blätter überhaupt nicht zu Gesicht bekommt. In diesem Fall dienten sie dem biografischen Partner als Hilfe, um sich über eine geeignete Art des Zugangs und über eine angemessene Fragestellung klar zu werden.

Viele längere biografische Partnerschaften werden über die in den 60 Erzählblättern vorgeschlagenen Themen hinausgehen. Ich gebe darum auch Hinweise, wie sie selbstständig ergänzt oder erweitert werden können, und sicher werden die Partner*innen – nachdem sie genügend Erfahrungen gesammelt haben – gemeinsam die für sie passende Form entwickeln.

Zusammenfassung: Biografische Paare

Biografische Paare – eine Erzählerin, ein Helfer – gibt es in vielen unterschiedlichen Konstellationen. Wenn dem Erzählbedürfnis des einen Partners ein ähnlich großes Interesse des anderen gegenübersteht, haben beide etwas davon: Dann wird ihnen vermutlich gelingen, was sie sich vornehmen.

Erzählblätter erleichtern vor allem die ersten gemeinsamen Schritte eines biografischen Paars. Sie liefern Gesprächsstoff, ermöglichen schnelle Erfolgserlebnisse und lassen sich beliebig erweitern und ergänzen.

Eigenständige Beschäftigung mit Erzählblättern

Viele Menschen, die ihre Lebensgeschichte oder Teile davon zu Papier bringen möchten, haben keine Schreiberfahrung. Vielleicht werden sie von Angehörigen oder Freunden zum Schreiben aufgefordert. Vielleicht haben sie etwas Besonderes erlebt, das sie weitergeben möchten. Oder sie haben einfach von den Möglichkeiten und den vielfachen Chancen des biografischen Schreibens gehört.

Ratgeber zum biografischen Schreiben gibt es viele. Einige (z. B. Barrington 2004 oder Ortheil 2014) setzen im Anspruch recht hoch an und bieten für Schreibanfänger*innen zu viele Informationen. Andere (z. B. Behnke 2014 oder Dörrie 2019) regen mit vielen inhaltlichen Ideen zum Schreiben an, ohne auf die Zusammenhänge des biografischen Schreibens einzugehen. Und dann gibt es die erwähnten hübsch gebundenen Ausfüllbücher voller Impulsfragen.

*Mit den Erzählblättern können Sie auch als Schreibanfänger*in einen selbstständigen Weg gehen,* ohne Angst vor dem leeren Blatt haben zu müssen. Suchen Sie sich ein Erzählblatt aus, das sie gerade anspricht, und fangen sie an. Wenn Sie fertig sind, heften Sie es ab – und schon kann es weiter gehen. So müssen Sie nicht grübeln, wie Sie anfangen sollen (ob z. B. mit der Geburt oder mit einem anderen wichtigen Ereignis?), und finden mit „learning by doing" in Ihren Schreibfluss. Auch sind Sie nicht von vornherein an ein (Buch-)Format mit festgelegten Themen und einer bestimmten Seitenzahl gebunden. Fragen oder Themen, die Sie nicht interessieren, lassen Sie einfach beiseite. Viele Erzählblätter können Sie mehrfach benutzen und so viel dazu schreiben, wie Sie möchten.

Am Ende eines Schreib- und Lernprozesses, der mit dem ersten Erzählblatt anfängt, kann auf diese Weise ein veritables Buch stehen (siehe Teil III: „Mit Erzählblättern zum Lebensbuch").

In den Erläuterungen zu den einzelnen Erzählblättern (Teil II) finden Sie reichlich Anregungen. Diese sind jedoch weniger zum systematischen Durchlesen gedacht. Gerade für Selbstschreiber*innen gilt: *Achten Sie darauf, dass Ihre Kreativität nicht in der Fülle des Materials erstickt.* Lassen Sie sich lieber auf ein Erzählblatt ein, das Sie anspricht, schreiben Sie – und lesen erst weiter, wenn Sie damit fertig und zufrieden sind. So wie es der Straßenkehrer in

Michael Endes Buch „Momo“ ausdrückt: „Man darf nie an die ganze Straße auf einmal denken, verstehst Du? Man muss nur an den nächsten Schritt denken, den nächsten Atemzug, den nächsten Besenstrich. Und immer wieder nur den nächsten“ (Ende 1988, S. 141).

Teil II:
60 Erzählblätter
zum biografischen Schreiben

Warum der Name „Erzählblätter"?

Ich habe die Schreibvorlagen „Erzählblätter“ genannt, weil es *keine Arbeitsblätter* sind, mit denen ein bestimmtes Resultat erzielt werden soll. Stattdessen dienen sie dem Erzählen: Sie liefern einen thematischen und in einigen Fällen methodischen *Impuls:* einen Anstoß zum Erinnern und Erzählen. Und sie dienen als *Medium* für das Erzählen: Auf ihnen können Geschichten und Gedanken schriftlich ausgedrückt und festgehalten werden.

Die meisten Fragen der Erzählblätter sind also nicht als Arbeitsfragen zu verstehen oder wie auf einem Fragebogen, wo sie einzeln nacheinander zu beantworten wären: Es sind *Hilfsfragen* oder *Impulsfragen,* die dem Erzähler den jeweiligen Themenkreis ins Gedächtnis rufen sollen. Sie entsprechen den Einstiegsfragen in einer Schreibgruppe.

Daneben finden sich offen formulierte Aufforderungen, die meist lauten: „Erzählen Sie …“ oder „Schreiben Sie …“. Gemeint ist die der jeweiligen Situation angepasste Variante des schriftlichen Erzählens, eigenhändig oder per Diktat mit einem Partner. Gelegentlich wird die genauere Formulierung „Erzählen Sie schreibend …“ eingesetzt. Um sie durchgängig zu verwenden, erschien sie mir jedoch zu sperrig.

Die Impulsfragen der Erzählblätter sollen also den Einstieg erleichtern, aber weder den entstehenden Text vorstrukturieren noch das Thema einengen. *Im Erzählen und Schreiben kann man sie getrost hinter sich lassen.*

Gelegentlich finden sich auf den Blättern Fragen, die als *Zwischenschritte* dienen, indem sie den Überblick über das Thema erleichtern (z. B. in den Erzählblättern 01, 12 und 26). Die geforderten kurzen Antworten stellen zugleich ein erstes Ergebnis dar. Das ist in Gruppen sinnvoll, um schneller etwas „Vorlesbares“ parat zu haben, über das man sich austauschen kann. Oder bei solchen Erzähler*innen, die sich mit dem Schreiben eher schwertun.

Erzählblätter heißen die Vorlagen auch darum, weil sie – sobald einige Zeilen gefüllt sind – den Leser*innen etwas vom Leben der Autorin oder des Autors erzählen, am nächsten Tag oder Jahre später, und weil sie drittens auch als fertiges „äußeres Gedächtnis“ das Erzählen von Autorin oder Lesern anregen können.

Aufbau der Erzählblätter

Die Erzählblätter stehen als PDF-Dateien online zum Download zur Verfügung. Gehen Sie hierfür auf *www.beltz.de* auf die Produktseite des Buches. Unter „Onlinematerial" werden Sie aufgefordert, ein Passwort einzugeben. Dieses lautet: EB$2023§sk!
Achten Sie bitte auf die exakte Schreibweise des Passworts.

Anders als die hier zur Orientierung abgedruckten Ausschnitte sind die eigentlichen Erzählblätter doppelseitig formatiert, sodass genügend Platz zum Schreiben zur Verfügung steht. Auf der *Vorderseite* befindet sich meistens der Schreibimpuls, auf der *Rückseite* noch eine kurze Aufforderung über Schreibheft-Linien.

Durch das Verwenden beider Seiten im A4-Format ist trotz Großschrift genügend Platz vorhanden, um mit dem Schreiben zumindest anzufangen. Ergänzungen mit leeren Seiten (oder dem leeren Erzählblatt) sind immer möglich und gewünscht. Das Seitenformat wurde gewählt, um die weitere Arbeit mit den Erzählblättern zu erleichtern, für die ich in Teil III einige Möglichkeiten vorstelle. Wenn Zwischenschritte gefordert sind oder besondere Gestaltungselemente wie Karten, Zeichnungen oder Fotos verwendet werden sollen, spielt die Rückseite eine größere Rolle (z. B. bei den Erzählblättern 11, 15 und 16).

Zugangsweisen zum biografischen Schreiben

60 Themen sind längst nicht alles, was das biografische Schreiben bietet. Es ist so vielfältig wie das Leben selbst – keine noch so ausführliche Liste kann die Fülle lebensgeschichtlicher Themen erfassen. Bei der Auswahl der Themen für die Erzählblätter kam es mir deshalb in erster Linie darauf an, möglichst viele Zugangsweisen zum biografischen Schreiben anzubieten. Es ging weder um chronologische Vollständigkeit im Sinne von Lebensstationen noch um inhaltliche Vielfalt und Originalität – wenngleich ich versucht habe, beides in zweiter Linie zu berücksichtigen, auch in den jeweiligen Hinweisen.

Mit „Zugangsweisen" meine ich mögliche Arten, über das eigene Leben nachzudenken und zu schreiben. Das kann eher faktenorientiert sein, konventionell-berichtend, gefühlvoll oder „interessant" auf Spannung geschrieben, nachdenklich-sinnorientiert oder spielerisch. Natürlich fließt all das ineinander, doch jede Fragestellung legt einen bestimmten Umgang mit den eigenen Erinnerungen nahe, sodass die Erzähler*innen nach und nach herausfinden können, auf welche Weise sie am liebsten über ihr Leben nachdenken und schreiben. Die Schreibgruppenleitung oder der jeweilige „biografische Partner" wird bemerken, welche Blätter den besten Anklang finden, seine Auswahl entsprechend treffen und selbst neue passende Erzählblätter gestalten.

Überblick

Die *Erzählblätter 01 bis 10 – Schöne Tage* – fragen vor allem nach Kindheitserinnerungen, dem Alltagsleben und Momentaufnahmen: Themen, von denen Großeltern wohl häufig berichten, wenn ihre Enkel sie nach früher fragen, oder die – wie Reisen oder glückliche Zufälle – bei verschiedenen Gelegenheiten gerne erzählt werden. Hier können also Erinnerungen wiederholt und aufgeschrieben werden, die bereits zur Sprache gekommen sind.

Die *Erzählblätter 11 bis 20 – Herkunft* – schließen an Traditionen häuslicher Dokumentation an. Sie fragen nach familiären und regionalen Wurzeln, während die *Erzählblätter 21 bis 30 – Liebe Menschen* – nach weiteren „Bezugspersonen" und den mit ihnen verbundenen Geschichten fragen. Solche Fragen sind typisch für Kinder, Enkel und andere, die sich genauer über das Leben der Eltern, Großeltern oder von sonstigen Angehörigen informieren möchten –

und damit auch über die eigene Herkunft. Sie regen dazu an, gründlicher zu überlegen oder nachzuforschen, verlangen jedoch nicht, dass sich der Blick auch nachdenklich auf die eigene Person richtet.

Die *Erzählblätter 31 bis 40 – Lebensthemen* – stellen demgegenüber die Person und Persönlichkeit des Erzählenden in den Mittelpunkt: Welche Eigenschaften und Überzeugungen machen sie aus? Was begleitet sie schon durchs ganze Leben?

Die *Erzählblätter 41 bis 50 – Übergänge* – führen an eine Erzählweise heran, wie sie in vielen Seminaren zum autobiografischen Schreiben gelehrt wird. Diese Art nachzudenken und zu schreiben richtet sich auf bedeutungsvolle Veränderungen im Leben und erklärt damit, wie die Autor*innen zu dem wurden, was sie heute sind. Das entspricht der Funktionsweise des Gedächtnisses, das Wendepunkte im Leben besser behält als den gleichförmigen Alltag. Außerdem ist diese Erzählweise sehr leserfreundlich: Sie ähnelt der von Romanen, die ja oft von überraschenden und darum spannenden Wendepunkten im Leben ihrer Figuren erzählen.

Wer von Veränderungen erzählen will, muss ausführlicher werden. Das „Vorher“ wie das „Nachher“ muss beschrieben werden. Darum sind diese Erzählblätter die anspruchsvollsten der Auswahl. Ihr Vorteil: Sie lassen sich am besten zu einer vollständigen Lebensgeschichte runden und ergänzen.

Die *Erzählblätter 51 bis 60 – Spielerisches* – schöpfen aus dem großen Fundus des kreativen Schreibens und der Biografiearbeit. Hier kommen auch andere Möglichkeiten als das Erzählen in Prosa zum Zuge.

Keine Pflichtübungen

Biografiearbeit ist nie bloß dokumentarisch zu verstehen. Der Umgang mit der eigenen Vergangenheit wirkt sich stets auch auf die Gegenwart und damit auf die Zukunft aus. Er sollte darum so gestaltet werden, dass er den Menschen stärkt. Das angestrebte Ziel – ein Erzählblatt auszufüllen, ein Lebensbuch zu gestalten – darf nicht allein im Vordergrund stehen, sonst wird der Weg bald zu beschwerlich und der Schreibfluss versiegt. Es geht um eine gute Balance zwischen dem Schreibprozess und seinem Ergebnis.

Biografisches Schreiben macht Freude, wenn der Stolz auf das geschaffene Werk – und seien es nur wenige Zeilen – letztlich die Mühe überstrahlt, und wenn die Erinnerungen, die es fordert und hervorruft, positive Erinnerungen sind: Erinnerungen an die eigene Kraft, Schwierigkeiten zu überwinden. Wenn das gelebte Leben im Schreiben gewürdigt wird.

Traurige Erinnerungen

In der Forschungsarbeit von Stephan Abt (2013, S. 110) heißt es, dass sich unterschiedliche Ansätze zur Biografiearbeit vor allem darin unterscheiden, wie sie mit *bedrückenden Erinnerungen* umgehen. Für den Einsatz der Erzählblätter gilt: Je älter die Schreibende oder der Erzählende ist, desto weniger sinnvoll ist es, sie oder ihn mit unbewältigten Lebenskrisen oder persönlichen Defiziten zu konfrontieren. Tiefenpsychologischer Eifer ist fehl am Platz.

Umgekehrt sollte nichts verschwiegen oder gar unterdrückt werden, was zur Verarbeitung und Versöhnung mit der eigenen Vergangenheit dienen könnte – dazu gehört auch Schwieriges: Erfahrungen von biografischen Brüchen, Fremdbestimmung, Verlust, Schuld und Tod. Sinn- und Existenzfragen dürfen nicht ausgeklammert werden, sonst verflachen die biografischen Texte, verlieren ihre Wahrhaftigkeit, und selbst die vielbeschworene „Zufriedenheit" des Alters wird zum Klischee, das nur behauptet wird.

Wer biografisches Schreiben anleitet oder begleitet, sollte also nicht aktiv nach problematischen Erinnerungen suchen, aber aufmerksam zuhören, wenn sie zur Sprache kommen. Denn wo es nötig und möglich ist, weil das notwendige Vertrauensverhältnis zwischen den Beteiligten besteht, werden die Erzähler*innen oder Autor*innen sie meist von selbst zum Ausdruck bringen.

Erzählblätter 01 bis 10 – Schöne Tage

„Das Erleben von Freude, das Erinnern von Freude ist eine zentrale Ressource auch in schwierigen Zeiten", schreibt die Psychologin Verena Kast (vgl. Kast 2010, S. 73). Die ersten zehn Erzählblätter beschäftigen sich darum ausdrücklich mit schönen Tagen, das heißt mit Themen, die angenehme Erinnerungen wachrufen. Für eine Schreibgruppe, die sich neu findet, oder ein „biografisches Paar", das sich erst kennenlernt, bieten sie Gesprächsanreize, die noch keine Vertrautheit voraussetzen. Außerdem sind diese Themen leicht zu verstehen und zu schildern. Sie werden oft schon zur Sprache gekommen sein.

Oftmals denken Teilnehmer*innen von Schreibwerkstätten zuerst an die großen Ereignisse, den kompletten Lebenslauf, und fühlen sich überfordert: „Wo soll ich nur beginnen?" Darum ist es heilsam, zu Beginn „kleine" Themen zu bevorzugen und nahe am Alltag zu bleiben.

Beim Erzählen, Vorlesen und Zuhören in einer Gruppe wird schnell klar werden: Besondere Freude bereiten gerade die Details, die scheinbaren Nebensächlichkeiten, die das Erinnern anregen und die Geschichten lebendig und farbig machen: „Wie sahen die Teller an Festtagen aus?", „Wirklich, euer Weihnachtsbaum drehte sich zu einer Melodie?" oder „Wie habe ich eigentlich schwimmen gelernt?" Auch das fürs Erzählen und „Dranbleiben" entscheidende Interesse des biografischen Partners entzündet sich an den Details. Bleibt der Erzähler oder die Schreibende zu nahe am Klischee – also dem, was sich der Zuhörer oder Leser sowieso denkt – oder wird in erster Linie versucht, leicht und vermeintlich unterhaltsam zu erzählen, werden Motivation und Interesse eher erlahmen.

01 – Kinderspiele

Jedes Kind spielt. Auch wenn Kinder früher oft zu Arbeiten in der Landwirtschaft oder im Haushalt herangezogen wurden (hier gab es je nach Elternhaus natürlich große Unterschiede): Gespielt wurde trotzdem. In ihrem Text für eine Dorfchronik berichtet beispielsweise die Autorin Lina Ernst von schwerer Arbeit und schreibt: „Zeit zum Spielen blieb nur selten übrig". Doch schildert sie gerade die Kinderspiele besonders lebendig:

„Im Sommer war die Zeit der Kinderspiele. Natürlich konnten unsere Eltern uns kaum Spielzeug kaufen. Aber es gab Selbstgemachtes (wie z. B. die Stelzen) oder irgendetwas, das man im Haus und Hof fand. ‚Büchsevadder' spielten wir mit Nachbarskindern auf der Straße und in den angrenzenden Höfen. Bei ‚eins, zwei, drei – die Büchs' mussten, wie beim Versteckspielen, alle irgendwo versteckt sein und sich vom Büchsevadder suchen lassen. […] den ‚Dobsch', den Spitzkreisel, ließen wir gerne im Hof, der gestampft war, kreisen. Und es war immer gut, eine frische ‚Worschtkordel' (Wurstschnur) in Reserve zu haben. Wenn wir vorne dran ein ‚Knübbelje' (Knoten) gemacht hatten, knallte die Kordel beim Schwunggeben – das machte uns besonders viel Spaß" (Ernst 2004, S. 275 f.).

Wer in eine Schreibgruppe eine (alte) Puppe, ein Springseil oder Murmeln mitbringt, ist schon mitten im Thema.

Zunächst kann auf der Vorderseite eine Liste von Kinderspielen erstellt werden. In einer Schreibgruppe bietet sich eine gemeinsame Liste an.

Listen befreien von dem meist selbst auferlegten Zwang, „ganze Sätze" formulieren zu müssen. So wird die Schreibzeit vor allem zum Erinnern und Sammeln genutzt und fördert unter Umständen auch längst vergessene und weniger naheliegende Vergnügungen aus den Tiefen des Gedächtnisses.

Listen können auch leicht gemeinsam erstellt werden. Darum empfehlen Osborn, Schweitzer und Trilling (2013) Listen als eigene Arbeitsform in der Erinnerungsarbeit. Aus ihrem Buch stammen die folgenden Themen für gemeinsame Listen:

- alte Kinderspiele
- was Kinder arbeiten mussten
- Gerichte aus Kindertagen
- Anstandsregeln und Zurechtweisungen („Sitz gerade!", „Eigenlob stinkt!", „Sprich nur, wenn du gefragt wirst!")

- Freizeitvergnügungen im Jugendalter
- Lieblingsfilme und Lieblingsschauspieler

Themen für weitere persönliche Listen:

- Abneigungen
- Reiseziele
- Lieblingslieder (siehe Erzählblatt 45)
- Lieblingsbücher
- Wünsche (siehe Erzählblatt 52)
- Wohnungen und Häuser (siehe Erzählblatt 58)

01 *Kinderspiele*

An welche Spiele Ihrer Kindheit erinnern Sie sich gerne? Notieren Sie sie hier:

→ __________

→ __________

→ __________

→ __________

→ __________

01

Kinderspiele

Beschreiben Sie eines dieser Kinderspiele.

Wo haben Sie es gespielt? Mit wem?

02 – Ostern zu Hause • 03 – Weihnachten zu Hause

Jedermann erinnert sich an Feiertage in der Kindheit. Sie sollten passend zur Jahreszeit ausgewählt werden. Mit Weihnachten und Ostern sind in der Regel die meisten Erinnerungen verbunden, darum habe ich diese Feiertage für die Erzählblätter ausgewählt. Doch je nach Region und Religion gibt es vielleicht seltenere und ebenso interessante Bräuche, die aufgegriffen und erzählt werden können: Marienandachten im Mai, Prozessionen oder Jahrmärkte, die Abwechslung und Aufregung ins Leben brachten.

Im Auftrag des Bistums Limburg war ich an einem Schreibprojekt zum Thema Feiertage beteiligt: Ein Jahr lang traf sich eine feste Gruppe, um über christliche Feiertage im Jahreskreis zu schreiben. Es ging nicht um Traditionspflege, sondern um persönliche Erinnerungen – freilich kamen auch vergangene wie heutige Sitten und Bräuche zur Sprache. Die entstandenen Texte erschienen in Buchform (Kappner/Wohn 2014).

02 *Ostern zu Hause*

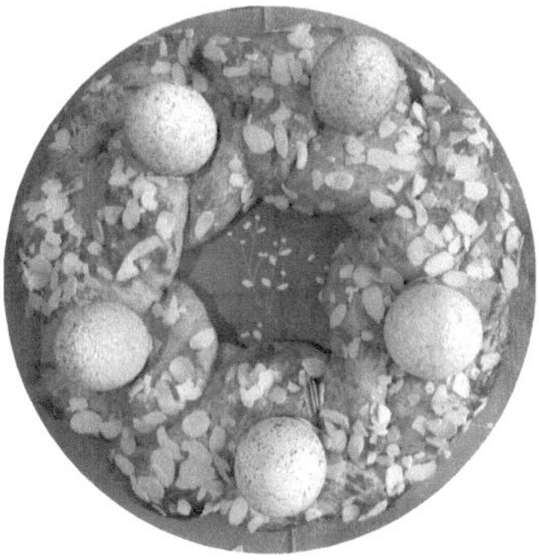

Wie war Ostern in Ihrer Kindheit?

- War es mit der Kirche verbunden oder eher ein Frühlingsfest?
- Glaubten Sie an den Osterhasen?
- Suchten Sie Ostereier? Haben Sie viele Eier gefunden oder hatten Sie Geschwister, die schneller waren als Sie?
- Hatten Sie Besuch? Erinnern Sie sich an Ausflüge?

03 Weihnachten zu Hause

Wie war Weihnachen in Ihrer Kindheit?

- Gingen Sie in die Kirche?
- Wurden Weihnachtslieder gesungen?
- Kamen Verwandte zu Besuch oder waren Sie bei Verwandten?
- Wie war das Zimmer geschmückt?
- Gab es Geschenke? Waren die Geschenke eingepackt oder lagen sie offen unterm Baum?

04 – Wenn ich Geburtstag hatte

Wie ein Kindergeburtstag gefeiert wurde, sagt viel über die Stellung des Kindes innerhalb der Familie aus, über den Erziehungsstil und die Familienkultur.

Außerdem ist der Geburtstag ein Symbol fürs Großwerden. Das Erreichen eines bestimmten Alters wird sehnlichst erhofft, um endlich allein ins Kino gehen zu dürfen oder einen bestimmten Status innerhalb der Familie zu erreichen. Umgekehrt kann sich ein Geburtstag auch als Vertreibung aus dem Paradies der Kindheit entpuppen: Privilegien werden gestrichen, Pflichten sollen übernommen werden. Nach diesen negativen Aspekten des Großwerdens soll nicht aktiv gefragt werden, sie hätten hier aber auch ihren Platz.

In manchen katholischen Gegenden wurde statt des Geburtstags der Namenstag des Kindes gefeiert (oder beides). Das Erzählblatt kann entsprechend „umgewidmet" werden.

04

Wenn ich Geburtstag hatte

Als Sie noch ein Kind waren:

- Wie wichtig war Ihr Geburtstag?
- Wie wurde er in der Familie gefeiert?
  Liefen alle Kindergeburtstage ähnlich ab?
- Erinnern Sie sich an einen besonderen Geburtstag?
- Warteten Sie sehnlich darauf, endlich ein bestimmtes Alter zu erreichen? Was änderte sich, als Sie 12, 16 oder 21 Jahre alt wurden?

05 – Schnee und Eis • 06 – Im Sommer

„Winter/Sommer früher" könnte es auch heißen. Entsprechend können auch Frühlings- oder Herbst-Erzählblätter gestaltet werden, die jeweils zur passenden Jahreszeit eingesetzt werden sollten. Gerade im ländlichen Raum war der Alltag stark von den Jahreszeiten bestimmt, vom Rhythmus des Pflanzens, Säens und der Ernte.

In Gruppen können *Gerüche* eingesetzt werden, um das Gedächtnis zusätzlich anzuregen: Wintergerüche wie Zimt oder Nelken, Früchtetee, Tannennadeln, Kerzen. Sommergerüche wie der Duft von Sonnenmilch oder Zitronen. Welche Gerüche verbinden Sie für sich, die biografische Partnerin oder die Teilnehmer*innen einer Schreibgruppe mit diesen Jahreszeiten?

05

Schnee und Eis

Winter früher:

- Mochten Sie die kalte Jahreszeit?
- Welche Winterkleider gab es?
- Wie wurde geheizt?
- Wie war es, wenn es schneite?
- Fuhren Sie Schlitten, Ski oder mit Schlittschuhen auf dem Eis?

06 *Im Sommer*

Denken Sie an einen Sommer, den Sie erlebt haben.
Einen Kindheits-, Jugend- oder Erwachsenensommer.

- Wo waren Sie in diesem Sommer: Am Strand, in den Bergen, im Urlaub oder zu Hause?
- Wie fühlte es sich an, im Sommer dort zu sein?
- Waren Sie allein, zu zweit, in der Familie oder einer Gruppe?
- Was geschah in diesem Sommer?

07 – Feine Kleider

An schönen Tagen zieht man sich oft fein an. Die Anzüge und Kleider, die später im Schrank hängen, verbinden sich mit Erinnerungen an Feiern, Theaterbesuchen und andere besondere Anlässe.

Viele lieben es, sich fein anzuziehen, manche fühlen sich unwohl damit. So drückt sich auch aus, wie man sich selbst und die eigene Stellung in der Gesellschaft versteht. Ob man sich zum Beispiel der jeweiligen Mode und Konvention entsprechend anzieht, ob man sich anpasst oder lieber auffällt. Ob man Markenkleidung trägt, weil man es sich leisten kann, oder auf Langlebigkeit und den praktischen Nutzen achtet.

Kleider sind nicht allein Gebrauchsgegenstände, sondern auch Zeichen. „Kleider machen Leute", das heißt: Sie bestimmen die Art, wie wir von anderen gesehen werden. Darum kann man sie auch nutzen, um zu zeigen, wie man sich selbst sieht oder gesehen werden möchte.

So kann Kleidung als Ausdruck der eigenen Identität verstanden werden. Was wir tragen und was wir sind, hängt eng zusammen (das gilt längst nicht nur für Frauen, denke ich, aber vielleicht etwas mehr) (vgl. Shapton/Heti/Julavits 2015).

Das Erzählblatt thematisiert „feine Kleider" vor allem im Hinblick auf bestimmte Anlässe und Gelegenheiten und schließt an Kindheitserinnerungen an. Es lässt sich aber auch verwenden, um über Lieblingskleider oder ganz allgemein über das Verhältnis zu (feiner) Kleidung und Mode zu schreiben.

07

Feine Kleider

Zu welchen Gelegenheiten zogen Sie sich fein an?

- Legten Ihre Eltern wert darauf oder „gehörte es sich so“?
- Mochten Sie es, sich fein anzuziehen, oder wehrten Sie sich dagegen?
- Interessierten Sie sich für Mode? Ist es noch immer so?
- Haben Sie Lieblingskleider?
- Können Sie häkeln, stricken, nähen, flicken?

08 – Gut gemacht!

Bescheidenheit, Zurückhaltung, gar Demut, waren Werte, die in der Erziehung früherer Generationen hohen Stellenwert besaßen. „Eigenlob stinkt!“ hieß es. Darum fällt es vor allem älteren Menschen oft schwer, von eigenen Erfolgen zu berichten.

Bei diesem Erzählblatt geht es jedoch nicht darum, dass die Erzähler*innen sich selbst öffentlich loben, sondern um eine ehrliche, nicht von moralischen Bedenken verzerrte Anerkennung der eigenen Leistung. Was spricht dagegen, das wohltuende Gefühl noch einmal auszukosten, das ein Lob in vergangenen Zeiten auslöste, und daraus Kraft für die Gegenwart zu schöpfen?

Die Erzählblätter 26 und 49 („Worauf ich stolz bin“, „Ein Orden für mich“) greifen eine ähnliche Thematik in jeweils anderer Weise auf. Denn kaum etwas motiviert so stark zum biografischen Schreiben wie das Gefühl, über ein wertvolles, in gewisser Weise exemplarisches Leben berichten zu können. Und dieses Gefühl ist nichts anderes als eine Art von Stolz.

08 *Gut gemacht!*

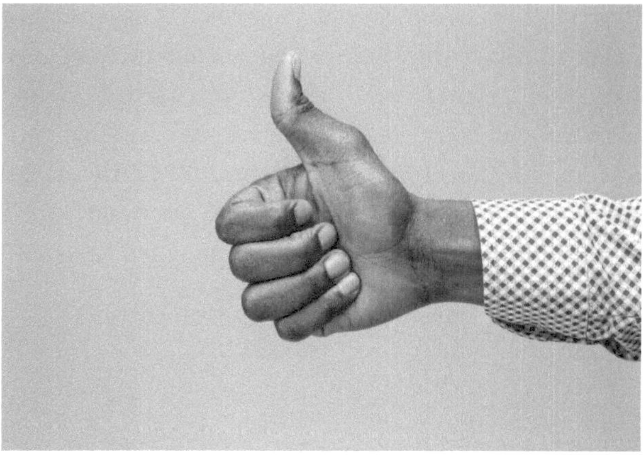

Denken Sie zurück:

- Wurden Sie als Kind oft oder eher selten gelobt?
- Wer hat Sie gelobt?
- Was ist Ihnen so gut gelungen, dass Sie gelobt wurden?
- Wofür hätten Sie Lob verdient?

09 – Eine unvergessliche Reise

Die ersten acht Erzählblätter der Kapitels „Schöne Tage" wecken hauptsächlich Kindheits- und Jugenderinnerungen. In den letzten beiden findet sich kein Hinweis auf bestimmte Lebensabschnitte. Wie die Schreib-Erzähler*innen mit ihnen arbeiten oder auf sie reagieren, kann darum anzeigen, in welchem Abschnitt des vergangenen Lebens sie sich gedanklich in erster Linie aufhalten.

Reiseziele sind Sehnsuchtsorte, vor allem wenn sie inzwischen vielleicht unerreichbar geworden sind. Das Thema ist also weniger harmlos und „intensiver", als es auf den ersten Blick erscheinen mag. In Schreibgruppen sollte darauf geachtet werden, dass sich die Teilnehmenden nicht gegenseitig in der „Exklusivität" ihrer Reisen übertrumpfen. Ob Schwarzwald oder Hawaii: Entscheidend ist der persönliche Bezug, die Bedeutung des Reiseziels für die Erzählenden.

09

Eine unvergessliche Reise

An welche Reise, welche Ferien oder welchen Urlaub erinnern Sie sich besonders gern? (Wenn Sie sich nicht entscheiden können, lässt sich das Erzählblatt auch mehrfach verwenden.)

- Haben Sie Fotografien davon? Oder andere Bilder, die das Reiseziel zeigen?

Tragen Sie auf der Rückseite das Reiseziel ein und zeichnen oder kleben Sie ein Bild davon in den Rahmen.

- Wie kam es zu dieser Reise?
- Wer fuhr mit Ihnen?
- Was erlebten Sie während der Fahrt und am Zielort?
- Sind Sie noch einmal an diesen Ort zurückgekehrt?

10 – Glück gehabt!

In diesem Erzählblatt geht es weniger um das große Glück (im Sinne von Lebensglück oder „Happiness") als um Glücksfälle („Luck"). So sind die Fragen auch formuliert. Rückblickend lässt es sich jedoch auch als Glücksfall ansehen, den richtigen Partner fürs Leben oder den genau passenden Beruf gefunden zu haben. So fließen beide Glücksbegriffe ineinander und aus der harmlosen Frage nach einer glücklichen Begebenheit könnte auch eine Liebeserklärung entstehen, eine grundsätzliche Betrachtung zum eigenen Lebensglück oder dem Verhältnis zwischen Glück und Schicksal.

Glücksgeschichten werden gerne erzählt und gerne gehört: Es sind eben Geschichten mit „Happy End". Mit großer Wahrscheinlichkeit wird hier etwas aufgeschrieben, was schon häufiger erzählt wurde und als Geschichte gut in Erinnerung ist. Dadurch fällt auch der Übergang vom Mündlichen zum Schriftlichen leichter. „Schreiben Sie es so auf, wie Sie es erzählen würden!" – dieser wichtige Tipp ist hier besonders angebracht.

10 Glück gehabt!

Manchmal hat man einfach Glück:

- Der Vorgesetzte ist verhindert und verschenkt seine Karten für den Opernball.
- Ein Missgeschick – doch die Vase ist auf dem weichen Teppich heil geblieben.
- Das Auto hat einen Totalschaden – doch wie durch ein Wunder blieben alle unverletzt.
- Eine neue Freundschaft rettete den verregneten Urlaub.
- Sie haben eine Arbeitsstelle oder eine Wohnung gesucht – und durch Zufall trafen Sie genau auf denjenigen, der Ihnen weiterhelfen konnte.

Erzählblätter 11 bis 20 – Herkunft

Wie wichtig das Wissen um die eigene Herkunft ist, fällt vor allem auf, wenn es fehlt. Etwa bei Adoptivkindern (vgl. Ryan/Walker 2003) oder Geflüchteten und ihren Familien. Doch auch ohne solche Brüche in der Biografie, die den Bezug zu den eigenen „Wurzeln" erschweren, bleibt die Herkunft lebenslang wichtig und ein Kernstück der persönlichen Identität.

Auch wer sich im Laufe seines Lebens für andere Wege entscheidet, bleibt geprägt vom Elternhaus, von Kultur und Religion seiner Vorfahren und des Landes, von der Muttersprache und vom Herkunftsmilieu.

Ryan und Walker (2003, S. 59 ff.) weisen eindringlich darauf hin, dass die „permanente, stabile Kernfamilie", in der die Geschwister bei ihren leiblichen Eltern wohnen, keineswegs als selbstverständlich gelten kann. Laut Statistischem Bundesamt (Statista 2022) werden aktuell etwa 40 Prozent der Ehen geschieden, 1970 waren es bereits 18 Prozent. Nicht jede und jeder wird sich darum in den Erzählblättern wiederfinden. Nehmen Sie sich in der Gruppe, als biografisches Paar oder wenn Sie allein biografisch arbeiten, die Freiheit, sie entsprechend zu verändern oder zu ergänzen.

11 – Mein Stammbaum

Die Beschäftigung mit dem eigenen Stammbaum eignet sich gut als Einstieg für die Erzählblätter zur Familie. Die abgedruckte Vorlage auf der Rückseite des Erzählblatts ist vergangenheitsbezogen und berücksichtigt nur die Hauptlinie der Abstammung. Sollen Onkel, Tanten und Cousinen, eigene Geschwister, Halbgeschwister, weitere Ehen etc. berücksichtigt werden, müssen andere Vorlagen herangezogen werden – oder man gestaltet einen ganz eigenen Stammbaum. Vielleicht ist im Familienarchiv auch bereits ein Stammbaum beziehungsweise eine Ahnentafel vorhanden.

Wenn die Eltern oder Großeltern mehrere Ehen schlossen oder Kinder aus anderen Beziehungen hinzukommen, ist es schwieriger, einen übersichtlichen Stammbaum zu gestalten. Doch es lohnt die Mühe. Denn bei der Beschäftigung damit klären sich zugleich die Familienverhältnisse für die Erzähler*innen. Im Hinblick auf adoptierte Kinder oder Kinder „in Pflege" schreiben Ryan und Walker (2003, S. 62): „Die Kenntnis der gesamten Familie kann für Kinder schmerzlich sein, weil es unterstreicht, dass sie von ihrer Herkunftsfamilie und ihren Vorfahren abgeschnitten sind. Dennoch kann es auch eine große Hilfe für Kinder sein, um einige Ereignisse zu verstehen, die zu dem Verlust ihrer Familie führten".

Die Auseinandersetzung mit solchen Fragen ist in den meisten Fällen nicht im Kindesalter abgeschlossen. Die Arbeit an einem Stammbaum kann darum auch für manche Erwachsene zu einer intensiven Erfahrung werden – und emotional sowohl belastend als auch erleichternd wirken.

Wo liegt die Grenze zwischen Ahnenforschung und Biografiearbeit? Wo eigene Erinnerungen, zum Beispiel an die Großeltern, ins Spiel kommen, ist man bereits bei der eigenen Biografie. In vielen Familien erzählt man sich darüber hinaus Geschichten von bereits verstorbenen „Ahnen", von deren Gewerbe, Schicksal oder Herkunft. In Erzählungen wird die Erinnerung an sie lebendig gehalten und kann sich auf diese Weise auch auf das Leben der Nachgeborenen auswirken. Man denke zum Beispiel an Gründungserzählungen in Unternehmerfamilie (z. B. von einem Ururgroßvater, der schon ein Wirtshaus betrieb) oder an Geschichten von Heimatvertriebenen.

11 Mein Stammbaum

Sind Ihnen Ihre Vorfahren wichtig?

- Haben Sie oder jemand in Ihrer Familie Ahnenforschung betrieben?
- Gibt es Lücken in Ihrem Stammbaum?
- Kommen Ihre Vorfahren aus verschiedenen Ländern, oder vielleicht alle aus einem Dorf?
- Besitzen Sie Erbstücke, Dokumente, Fotografien Ihrer Vorfahren?

Tragen Sie sich, Ihre Eltern und Großeltern, und falls bekannt auch Ihre Urgroßeltern in den Stammbaum ein.

11

Mein Stammbaum

12 – Mein Großvater/meine Großmutter

Das schönste Porträt eines Großvaters, das ich kenne, steht im ersten Kapitel von Hildegard Knefs Autobiografie „Der geschenkte Gaul", die 1970 zum Bestseller wurde und daher vielen älteren Menschen ein Begriff ist (vgl. Knef 2009, S. 5–15). Das Porträt ist allerdings mehrere Seiten lang und sollte nur geübteren Erzähler*innen und Schreibenden zur Anregung empfohlen werden. Beispielgeschichten sind wichtig für die Entwicklung eines reifen Schreibstils. Anfänger können sie jedoch ablenken oder einschüchtern und damit vom eigenen Schreiben abhalten.

Osborn, Schweitzer und Trilling (2013, S. 99) schlagen vor, das Thema Großeltern im Rahmen einer generationenübergreifenden Veranstaltung zu behandeln: „Besonders für kleine Kinder ist es meist faszinierend zu erfahren, dass auch ihnen so alt erscheinende Menschen einmal eigene Großeltern hatte". Das gilt sicherlich auch für ältere Enkelkinder, die als biografische Partner fungieren.

12

Mein Großvater/ meine Großmutter

Schreiben Sie hier die Namen Ihrer vier Großeltern auf:

→ ____

→ ____

→ ____

→ ____

- Wen von Ihren Großeltern haben Sie kennengelernt?
- Wie haben Sie sie genannt?
- Welche Oma, welchen Opa mochten Sie am liebsten?
- Was haben Sie mit ihm oder ihr erlebt?

(Sie können das Erzählblatt auch mehrfach verwenden.)

13 – Das Leben meiner Mutter/meines Vaters

Die Erinnerung an Mutter, Vater oder Geschwister ist selten frei von „gemischten Gefühlen". Ob sie zum Ausdruck kommen, hängt von ihrer Dringlichkeit ab und von der Einfühlsamkeit der Gruppe oder des biografischen Partners. Natürlich können auch Adoptiv-, Pflege- oder Stiefeltern berücksichtigt werden.

Nicht wenige Autor*innen widmen ihren Eltern ganze Bücher. Es ist also recht wahrscheinlich, dass die Rückseite des Erzählblatts nicht ausreicht, um alles Wesentliche niederzuschreiben. Für solche Fälle ist das Ergänzungsblatt ohne Nummer vorgesehen, das sich im Downloadmaterial befindet.

13 Das Leben meiner Mutter/meines Vaters

Denken Sie an Ihre Mutter/Ihren Vater

(Sie können das Erzählblatt doppelt verwenden.)

- Wo ist Ihr Vater/Ihre Mutter aufgewachsen?
- Welchen Beruf hat er/sie gelernt?
- Was sind die wichtigsten Stationen in ihrem/seinen Leben?
- Welche besonderen Eigenschaften und Fähigkeiten verbinden Sie mit ihm/ihr?
- Was mochten Sie als Kind besonders an ihm/ihr?

14 – Große Schwester, kleiner Bruder

Die Geschwisterfolge ist prägend für die Entwicklung des Charakters. Teilnehmer*innen meiner Seminare betonen häufig die große Verantwortung, die sie zum Beispiel als älteste Schwester übernehmen mussten, oder die Sicherheit unter gleichgesinnten Brüdern.

Halb- und Stiefgeschwister können als Teil der Geschwisterfolge betrachtet oder in einer zusätzlichen Liste auf der Rückseite berücksichtigt werden.

Das Thema ist umso anregender, je weniger es sich in allgemeinen Aussagen erschöpft, und je mehr Geschichten und Episoden erzählt und geschrieben werden, die das Verhältnis der Geschwister zueinander verdeutlichen.

14

Große Schwester, kleiner Bruder

Tragen Sie sich und Ihre Geschwister dem Alter nach ein, vom ältesten zum jüngsten Kind:

Name:				
Geburtsdatum:				

- Was fällt Ihnen bei dieser Reihenfolge ein? Fühlen Sie sich an Ihrer Stelle wohl, oder würden Sie lieber weiter vorne oder weiter hinten stehen?
- Falls Sie ein Einzelkind waren: Fühlen Sie sich damit wohl oder wünschten Sie sich ein Geschwisterkind?
- Waren Sie Ihr Leben lang die „große Schwester“, der „kleine Bruder“, das „Einzelkind“, oder spielte das keine Rolle in Ihrem Leben?

15 – Ein Familienfoto

Die Fotografie sollte nach Möglichkeit mehr als nur die Kernfamilie von Eltern und Kindern zeigen. So hat man die Chance, auf Menschen zu stoßen, die schon beinahe aus dem „Familiengedächtnis“ verschwunden sind – und mit ihnen auf beinahe vergessene Geschichten.

15

Ein Familienfoto

Kopieren Sie ein Gruppenfoto und kleben es auf den umseitigen Rahmen. Beschriften Sie es dann ausführlich:

- Wer ist auf dem Foto zu sehen?
  Schreiben Sie alle Namen auf, die Sie kennen.
- Wann und wo wurde das Foto gemacht?
  Was ist im Hintergrund zu sehen?
- Zu welchem Anlass ist das Bild entstanden? Was wissen Sie von diesem Anlass?
- Welche Geschichte fällt Ihnen ein, wenn Sie die Fotografie betrachten?

16 – Wer zu Hause wohnte

Wer den Grundriss eines Hauses oder einer Wohnung zeichnet, geht in Gedanken durch die alten Räume. Die Genauigkeit der Darstellung ist weniger wichtig, doch vielen macht es Freude, zu skizzieren und auszuprobieren, bis sie die endgültige Version aufs Blatt übertragen.

Statt eines Grundrisses könnte auch die Fassade gezeichnet, ein altes Foto eingeklebt und beschriftet oder völlig neue Bilder (aus Immobilienanzeigen oder -zeitschriften), die dem Elternhaus ähneln, hinzugefügt werden.

16 Wer zu Hause wohnte

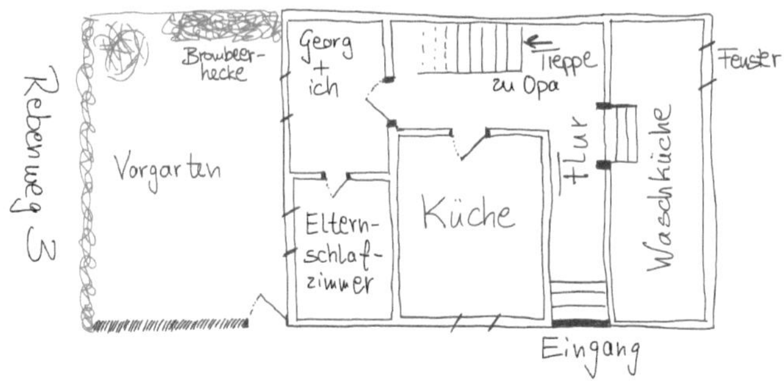

Wie sah die erste Wohnung aus, an die Sie sich erinnern können?

- Zeichnen Sie einen groben Plan dieser Wohnung. Fangen Sie einfach irgendwo an, es muss nicht alles genau stimmen! Wie viele Zimmer gab es? War es ein ganzes Haus? Welche Möbel standen wo? Wer lebte wo? Schreiben Sie die Namen in den Grundriss hinein.
- Gab es Tiere zu Hause? Tragen Sie auch diese in den Plan ein, und erweitern Sie ihn nach Ihren Vorstellungen.

17 – In der Küche meiner Kindheit

Als zusätzliche Anregung kann ein (altes) Küchengerät dienen oder Rezepte aus der jeweils passenden Zeit (vgl. auch Erzählblatt 56). Wer allein schreibt, kann in alten Kochbüchern oder Familienrezepten schmökern, in einer Gruppe kann daraus vorgelesen oder gekocht werden.

Je nach den Interessen und den spontanen Einfällen der Schreib-Erzähler kann der inhaltliche Schwerpunkt auf der Küche als Treffpunkt und Erlebnisraum, als Arbeitsplatz oder auf der häuslichen Küche im Sinne von Essgewohnheiten und Rezepten liegen.

17

In der Küche meiner Kindheit

Wie sah die Küche Ihrer Kindheit aus?

- Wer kochte Ihnen das Mittagessen?
- Halfen Sie mit, wenn es ums Kochen, ums Eindecken oder Abspülen ging?
- Was war Ihr Lieblingsgericht?
- Welche Erlebnisse verbinden Sie mit dieser Küche?

18 – Meine Heimat

Heimat kann nicht nur im Sinne eines Landes oder Staates verstanden werden. Eine bestimmte Kultur ist Heimat, eine Landschaft, eine Religionsgemeinschaft, was noch? In einer Einführung können alle diese Facetten zur Sprache kommen.

Flucht und Vertreibung wurden für viele Menschen in Deutschland zu einem (schmerzhaften) Lebensthema. Auch viele Jahrzehnte nach Kriegsende, nachdem Männer und Frauen ihr gesamtes aktives Leben in der „neuen Heimat“ verbracht haben, verstanden sie sich als Ostpreußen oder Sudetendeutsche. Auch für ihre Kinder und Enkel, geboren in der DDR oder der BRD, kann das Wort „Heimat“ noch einen doppelten oder etwas wehmütigen Klang besitzen.

Ähnliches gilt für Migrant*innen, die aus Not, dem Wunsch nach einer besseren Zukunft oder aus familiären Gründen in deutschsprachige Länder gekommen sind. Sie hatten bislang vielleicht kaum Gelegenheit, ausführlich von ihrer Herkunft, ihrer Heimat zu erzählen.

18 Meine Heimat

Was ist Heimat für Sie?

- Ein Haus, ein Ort, eine Stadt, eine Region oder ein Land?
- Oder ist es ein Gefühl, eine Kultur, eine Sprache, eine Landschaft?
- Sind es die Menschen, die Ihnen wichtig sind?
- Ist Heimat Schicksal oder Entscheidung?

19 – Mundart

In Österreich, Deutschland und der Schweiz wachsen die wenigsten mit lupenreinem Hochdeutsch auf. Das gilt noch immer, auch wenn die Dialekte vielerorts auf dem Rückzug sind. An ihre Stelle treten regionale Umgangssprachen, die gegenüber der Standardsprache zwar schwächer gefärbt, aber immer noch deutlich gegeneinander abgegrenzt sind. Bei den meisten Menschen lassen sich Rückschlüsse von der Sprache auf die Herkunft ziehen.

Viele Dialekte haben ein besonderes Image. Manche sind medial präsenter, wie etwa das Schwäbische, andere fast nur vor Ort bekannt. Mundarten können ein wohliges Wir-Gefühl entstehen lassen – und zugleich grenzen sie ab.

Das gilt auch sozial, denn in Schulen und Hochschulen galt und gilt das mundartliche Sprechen oft als nicht salonfähig. So waren nicht wenige soziale Aufsteiger*innen gezwungen, sich ihre eigentliche Muttersprache abzutrainieren, um nicht belächelt oder ausgeschlossen zu werden.

19

Mundart

Mit welchen Sprachen sind Sie aufgewachsen?

- Wurde zu Hause Hochdeutsch, Dialekt oder eine andere Sprache gesprochen?
- Gab es in der Schule eine andere Sprache?
- Sprachen Ihre Eltern gleich oder unterschiedlich?
- Erinnern Sie sich an bestimmte Wörter, die nur zu Hause verwendet wurden?
- Welche Redensarten kennen Sie von Ihrer Mutter, Ihrem Vater oder den Großeltern?

20 – Meine erste Erinnerung

Die meisten „ersten Erinnerungen", von denen erzählt wird, sind wohl keine genaue Wiedergabe von Fakten. Eher handelt es sich um unbewusste, nachträgliche „Montagen" verschiedener früher Eindrücke oder „Rückübersetzungen" von Familienerzählungen. Gerade darin liegt jedoch ihre Bedeutsamkeit, zum Beispiel der Rettungstat, von der Daniela Dröscher (2018, S. 38 f.) schreibt:

„Als ich vier Jahre alt war, rettete mein Vater mich vor dem Ertrinken. Während eines Adria-Urlaubs nahm meine ältere Großcousine mich an die Hand und lief mit mir ins Meer. Ich konnte noch nicht schwimmen. Unvermittelt löste meine Cousine den Griff, und die Wellen schwappten umgehend über mir zusammen. Mein Vater, der vom Strand aus mit Argusaugen über mich wachte, stürzte augenblicklich los. – Das ist meine erste visuelle Erinnerung, und sie ist zur Hälfte fiktiv, aus den Erzählungen meines Vaters nachkoloriert: […] Mein Vater erzählte mir später oft von meiner Rettung. […] Lapidarer Kommentar meiner Mutter, als ich sie danach fragte: ‚Du hast etwas Wasser geschluckt und hast dich erschrocken – mehr nicht'".

20 Meine erste Erinnerung

Denken Sie an Ihre früheste Erinnerung, als Sie noch ein kleines Kind waren.

- Welche Bilder steigen in Ihrem Gedächtnis auf?
- Haben Sie schon oft von dieser Erinnerung erzählt?
- Ist diese Erinnerung wichtig für Sie?
- Gehört sie zu anderen Kindheitserinnerungen oder steht sie allein?

Erzählblätter 21 bis 30 – Liebe Menschen

Die Familie, in der man groß wird, und die wichtigen späteren Begegnungen: Nichts prägt uns mehr als die Bezugspersonen unseres Lebens. In fortlaufender Folge erzählt, ist die Geschichte dieser Menschen zugleich unsere Lebensgeschichte.

Elisabeth Mardorf schlägt vor, eine Liste möglichst vieler Menschen anzufertigen, die den eigenen Lebensweg begleitet haben, auch mithilfe alter Adressbücher, Kalender, Briefe und so weiter. Solche Wegbegleiter könne man humorvoll porträtieren, nach dem Motto „Jede Jeck es anders“: Eigenarten, Merkwürdigkeiten und seltsame Angewohnheiten. Mardorf (2008, S. 18) schreibt: „Kinder sind Experten darin, andere Menschen zu beobachten, und vielleicht erinnern Sie sich auch an einige Merkwürdigkeiten von Menschen aus Ihrer Familie und Verwandtschaft. Onkel Willi hatte riesige Nasenlöcher, die aus der Perspektive eines Kindes faszinierend aussahen. Tante Kathi trug so merkwürdige dicke Unterröcke in Altrosa, und es war so kuschelig auf ihrem Schoß“.

Viele Erzählblätter dieses Kapitels können bei Bedarf mehrfach verwendet werden. Weitere wichtige Menschen können in zusätzlich gestalteten Blättern angesprochen werden, um der eigenen Biografie noch näher zu kommen, zum Beispiel:

- Onkel, Tanten und andere Verwandte
- Paten, Ratgeber
- Ärzte und Psychologen
- politische Weggefährten, Parteigenossen
- Freunde im Freizeitbereich: Sportskameraden, Vereinskameraden, Mannschaften, Frauengruppen …

„Lieb“ im Sinne von „lieb und nett“ oder harmlos sind diese Menschen freilich nicht immer. Nicht jeder Einfluss kann als förderlich gesehen werden, das gilt selbst im Falle von Freunden und Vorbildern.

Der größte Verlust, mit dem ältere Menschen zurechtkommen müssen, ist der Verlust von Angehörigen und Freunden. Mit ihnen verschwindet auch die Selbstverständlichkeit einer geteilten Welt, die nicht erklärt werden muss und in der man selbst gut verstanden wird. Die Erinnerung an den verstorbenen

Vater oder Ehemann weckt eine Trauer, die nicht immer schon bearbeitet und in Dankbarkeit für das Gewesene eingebettet wurde.

Wem Erinnernde „wiederbegegnen" möchten, sollte ihnen stets freigestellt werden. Viele Erzählblätter lassen Wahlmöglichkeiten frei.

21 – Eine Freundin/ein Freund

„Freunde sind die Familie, die wir uns selber aussuchen", soll Schauspieler Peter Ustinov gesagt haben. Aber sind Freunde nicht etwas ganz anderes als Familie? Und suchen wir sie uns selbst aus oder sind, bei aller Sympathie und Seelenverwandtschaft, nicht auch einige Zufälligkeiten im Spiel?

Laut einer aktuellen Umfrage (vgl. YouGov 2022) haben die Deutschen im Durchschnitt vier enge Freund*innen, zwölf zählen sie zu ihrem Freundeskreis, ungefähr 50 zu ihrem Bekanntenkreis. Interessant ist die feine Abstimmung vom engen Freund zur Freundin zu (bloßen) Bekannten, die hier vorausgesetzt wird. Wer mehrere enge Freundschaften pflegt, möchte vielleicht jeder ein Erzählblatt widmen.

Was sich die Befragten konkret unter Freundschaft vorstellen, hängt von ihren biografischen Erfahrungen und den sozialen Milieus ab, in denen sie sich bewegen.

> „64 Prozent messen eine Freundschaft daran, dass man für den anderen da ist, wenn man gebraucht wird. […] Außerdem wichtig: Dass man miteinander über alles reden kann (63 Prozent), dass man ehrlich zueinander ist (62 Prozent) und dass man sich gegenseitig Geheimnisse anvertrauen kann (48 Prozent)" (Yougov 2022).

Es gibt Freundschaften, die eine gewisse Zeit überdauern, solange man zum Beispiel das gleiche Hobby teilt oder sich täglich auf der Arbeit sieht. Wenige Freundschaften halten ein Leben lang. Dabei bildet sich eine Vertrautheit, die teilweise größer sein kann als die mit dem eigenen Ehepartner.

21 Eine Freundin/ ein Freund

Dein wahrer Freund ist nicht,
wer dir den Spiegel hält der Schmeichelei,
worin dein Bild dir selbst gefällt.
Dein wahrer Freund ist,
wer dich sein lässt, deine Flecken,
und sie dir tilgen hilft,
eh' Feinde sie entdecken.

(Friedrich Rückert)

Wer fällt Ihnen bei diesen Zeilen ein?

- Ist es ein Freund oder eine Freundin, die Sie schon von Jugend an kennen, ein Schuldfreund oder eine Arbeitskollegin?
- Wie haben Sie sich kennengelernt?
- Sind Sie heute noch befreundet, oder haben Sie sich aus den Augen verloren?

22 – Frühlingsgefühle

Verliebtheit hinterlässt unvergessliche Eindrücke. „Erfahrungen von Liebe und Verliebtheit sind - nicht nur in der Poesie, sondern im Lebensvollzug - das Bleibende", schreibt Stephan M. Abt (2013, S. 100) und gibt die Worte einer (bereits leicht dementen) Teilnehmerin einer Erinnerungsgruppe wieder: „Da habe ich mich gefreut und zurückgeblinzelt; da fühlt man sich himmelhochjauchzend".

Das „Zurückblinzeln" ist eine körperliche Erinnerung wie das „Kribbeln im Bauch" oder die „heißen Wangen".

In diesem Erzählblatt geht es nicht darum, Intimes abzufragen oder gar Tabus zu brechen, sondern dem wunderbaren Gefühl der Verliebtheit einen Weg in die Gegenwart zu bahnen.

22 *Frühlingsgefühle*

Wie fühlte es sich an – das erste Kribbeln im Bauch?

- Wurden Sie rot, wenn dieses Mädchen/dieser Junge Sie ansah? Wurde Ihnen ganz heiß? Haben Sie den Blick erwidert?
- Erinnern Sie sich ans Händchenhalten?
- An den ersten Kuss?
- Wer war es?
  Wie sah er/sie aus?

23 – Wie ich meinen Mann/meine Frau kennenlernte

„Wenn ich mit Menschen- und mit Engelszungen redete, und hätte der Liebe nicht, so wäre ich ein tönend Erz oder eine klingende Schelle. Und wenn ich weissagen könnte und wüsste alle Geheimnisse und alle Erkenntnis und hätte allen Glauben, also dass ich Berge versetzte, und hätte der Liebe nicht, so wäre ich nichts. Und wenn ich alle meine Habe den Armen gäbe und ließe meinen Leib brennen, und hätte der Liebe nicht, so wäre mir's nichts nütze.

Die Liebe ist langmütig und freundlich, die Liebe eifert nicht, die Liebe treibt nicht Mutwillen, sie blähet sich nicht, sie stellet sich nicht ungebärdig, sie suchet nicht das Ihre, sie lässt sich nicht erbittern, sie rechnet das Böse nicht zu, sie freut sich nicht der Ungerechtigkeit, sie freut sich aber der Wahrheit; sie verträgt alles, sie glaubet alles, sie hoffet alles, sie duldet alles" (Paulus: Erster Brief an die Korinther, Kapitel 13, Vers 1–7).

Diese bekannte Stelle aus dem Paulusbrief wird in vielen Hochzeitspredigten vorgekommen sein, und könnte in einer Schreibgruppe als Einleitung in das Thema Ehe (Mann/Frau) dienen. Welche Eigenschaften der Liebe haben die Menschen in ihrer Ehe gefunden, welche vielleicht schmerzlich vermisst?

Ich erlebte mehrfach, wie eine Erzählerin oder ein Erzähler sich wunderte, wenn ich die Geschichte ihrer Ehe als Liebesgeschichte ansprach. Vermutlich weil die „Liebesgeschichten" in Romanen und Filmen oft am Hochzeitstag enden. Es geht nicht darum, das gelebte Leben nachträglich zu romantisieren. Doch bin ich der Meinung: Wenn zwei Menschen ihr Leben (oder einen größeren Teil davon) zusammen verbringen, vielleicht Kinder großziehen, sich gemeinsam abrackern und Schicksalsschläge bewältigen, dann hat das in den allermeisten Fällen etwas mit Liebe zu tun!

Das Erzählblatt 23 fragt nach dem Beginn einer langen – wenn nicht lebenslangen – gemeinsamen Geschichte. Entsprechend kann es durch weitere Blätter ergänzt werden. Deren Titel könnten lauten:

- Mein Hochzeitstag (das Hochzeitsbild hängt meist gerahmt an der Wand oder es steht im Wohnzimmerschrank oder auf dem Vertiko. Wenn es die Teilnehmer einer Schreibgruppe mitbringen, ergibt sich der Einstieg beinahe von selbst. Am besten ist es, den Ablauf des Hochzeitstages genau schildern zu lassen, mit allen Einzelheiten und Kuriositäten, gerade auch mit dem, was schief gelaufen ist)
- Die erste gemeinsame Wohnung
- Wichtige Entscheidungen in der Ehe

- Eine Ehekrise
- Mein Rezept für eine gute Ehe
- Abschied von meinem Mann/meiner Frau

23 Wie ich meinen Mann/ meine Frau kennenlernte

Denken Sie zurück:

- Wo haben Sie Ihren späteren Mann (Ihre spätere Frau) zum ersten Mal gesehen?
- Erinnern Sie sich an Details Ihres ersten Treffens?
- Gab es einen förmlichen Heiratsantrag?
- Warum haben Sie sich für diesen Mann/diese Frau entschieden?

24 – Die Geburt meines Kindes

Geburten sind dramatische Einschnitte. Hoffen und bangen, medizinische Komplikationen, die plötzliche Erkenntnis: „Für dieses kleine Wesen bin ich jetzt verantwortlich!“ Schmerzen, Angst ums eigene Leben – oder die quälende Untätigkeit, zu der werdende Väter in früherer Zeit verdammt waren.

Umgekehrt gibt es vielleicht nur wenige Erfahrungen, die so erfüllend sind wie diese, ein neues Menschenkind zu gebären und es in dieser Welt zu begrüßen. Eine Geburt ist wie ein Wunder, und für eine Weile gibt es nichts Wichtigeres und Schöneres, als dieses Kind im Arm zu halten.

Meistens ist es die erste Geburt, die das Leben umkrempelte. An sie erinnern sich die meisten Eltern am besten.

24

Die Geburt meines Kindes

Wie war es, als Sie Mutter oder Vater wurden?

- Kam Ihr erstes Kind im Krankenhaus zur Welt? Wie waren die Umstände der Geburt? Ergaben sich Komplikationen?
- Falls Sie mehrere Kinder haben: Gab es Unterschiede zwischen den Geburten?
- Welche Tipps für die Säuglingspflege haben Sie bekommen? Haben Sie sie befolgt, oder gingen Sie andere Wege?

25 – Ein guter Lehrer/eine gute Lehrerin • 26 – Ein Vorbild • 27 – Nachbarn • 28 – Zu Besuch bei ... • 29 – Ein Arbeitskollege/ eine Kollegin

Diese Erzählblätter bieten Raum für die vielen Menschen jenseits von Familie und Freundeskreis, denen man im Leben begegnet. Manche prägen sich ein, obwohl man sie nur flüchtig kannte. Ein Satz, eine Bemerkung von ihnen behält man lebenslang im Gedächtnis. Mit anderen, wie den Arbeitskollegen, verbringt man im Laufe der Jahre womöglich mehr Zeit als mit dem eigenen Ehepartner.

25

Ein guter Lehrer/ eine gute Lehrerin

Wie waren Ihre Lehrer?

- Wer hat Ihnen etwas fürs Leben beigebracht, Ihren Ehrgeiz entfacht, Sie angespornt oder beeindruckt?
- Was hat diese/r Lehrer/in für Sie bewirkt?
- Fanden Sie einen „Lebens-Lehrer“ außerhalb der Schule?

26

Ein Vorbild

Welche Menschen waren oder sind Ihnen ein Vorbild?

→ ______________________________

→ ______________________________

→ ______________________________

→ ______________________________

Wer ist Ihnen davon am wichtigsten?

- Kannten Sie diesen Menschen persönlich oder ist er/sie berühmt?
- Hat Ihre Bewunderung mit der Zeit zugenommen oder abgenommen? Aus welchem Grund?

27

Nachbarn

Zusammenhalt oder Anfeindungen? Welche Erfahrungen haben Sie mit Ihrer Nachbarschaft gemacht?

- Hatten Sie Konflikte oder Streitigkeiten mit den Nachbarn?
- Lebten Sie lange nebeneinander, ohne sich zu kennen?
- Erinnern Sie sich an Einladungen, Nachbarschaftsfeste?
- Wurden Ihre Nachbarn zu Freunden?
  Vielleicht zu Helfern in der Not?

28 Zu Besuch bei …

Welcher Besuch hat bei Ihnen einen bleibenden Eindruck hinterlassen?

- Bei wem waren Sie zu Besuch oder wer hat Sie zu Hause besucht?
- War es eine kurze Stippvisite oder ein längerer Aufenthalt, ein einmaliger Besuch oder ein regelmäßiges Zusammentreffen?
- Hatte der Besuch Folgen?

29

Ein Arbeitskollege/ eine Kollegin

Welche Arbeitskollegen haben Sie noch lebhaft in Erinnerung?

- Arbeiten oder arbeiteten Sie mit vielen Menschen zusammen?
- Erlebten Sie die Arbeit als Miteinander oder Gegeneinander?
- Hatten Sie gute Chefs und/oder Mitarbeiter/innen?
- Kamen Sie auch in der Freizeit zusammen?
- Treffen Sie sich noch heute mit ehemaligen Kollegen?
- Wer hat Sie besonders beeindruckt oder beeinflusst?
- Hatten Sie einen beruflichen Mentor oder eine Mentorin?

30 – Wen ich vermisse

Nicht alle Wegbegleiter verabschieden wir bewusst, einige verlieren wir einfach irgendwann aus den Augen. Von manchen werden wir durch die Lebensumstände getrennt, einen Umzug vielleicht oder den Wechsel der Arbeitsstelle. Erst später merken wir, dass jemand fehlt. Vielleicht führt die Rückbesinnung sogar dazu, dass wir uns auf die Suche machen …

Endgültig sind die Abschiede, zu denen der Tod uns zwingt. An diese werden die meisten Erzähler*innen hier wohl denken. Es gehört zu den Bürden des menschlichen Lebens, dass solche Abschiede unvermeidlich sind und wir lernen müssen, zu trauern.

Das Erzählblatt, mit dem wir die Erinnerung an diesen besonderen Menschen wachrufen, kann Teil eines Trauerprozesses sein. Susanne Hölzl (2020, S. 168) schlägt vor, ein Familientreffen zum Anlass zu nehmen, solche Erinnerungen zu teilen. Man könnte sich die „Zeit nehmen, um zu erzählen und aufzuschreiben […]. Vielleicht ist es möglich, ein Erinnerungsblatt zu gestalten und es mit Texten, Bildern oder Erinnerungsstücken anzureichern". Daraus könne ein Buch über das Leben der Verstorbenen entstehen, in denen möglichst vielen Facetten ihrer Persönlichkeit gewürdigt werden. Nicht nur Familientreffen, auch Zusammenkünfte von Freunden oder ehemaligen Arbeitskolleginnen könnten auf diese Weise genutzt werden. „Die Gedanken-Sammlung bereichert", schreibt Hölzl an gleicher Stelle, „hilft dabei, jemanden in lieber Erinnerungen zu behalten und kann für die Hinterbliebenen ein berührendes Geschenk sein. Im Rückblick machen wir die Erfahrung, dass solche Art von ‚Trauer- und Erinnerungsarbeit' auch für uns selbst heilsam sein kann".

30 Wen ich vermisse

Im Laufe des Lebens mussten Sie sich von einigen lieben Menschen verabschieden.

- Wen vermissen Sie besonders?
- Wie war es, mit diesem Menschen zusammen zu sein?
- Wann und wie mussten Sie Abschied nehmen?
- In welchen Situationen denken Sie besonders häufig an sie oder ihn?

Erzählblätter 31 bis 40 – Lebensthemen

Die Psychologin Verena Kast versteht Lebensthemen als Leitideen, die unsere Entscheidungen bewusst oder unbewusst beeinflussen. Je näher wir an unserem Lebensthema bleiben, desto sinnvoller erscheint uns das Leben. Unsere Lebensthemen offenbaren sich in den Dingen, die wir lieben, in den Geschichten, Büchern oder Filmen, die uns anrühren oder beeindrucken. „Identität" ist vielleicht nur ein anderes Wort für die Besonderheit, die uns unsere Lebensthemen verleihen (vgl. Kast 2008, S. 7–20).

Manchmal liegen die Lebensthemen offen zutage und können leicht benannt werden, ein andermal verstecken sie sich auf komplizierte Weise im Lebenslauf und in der geistigen Verfassung des Erzählers. Im Vorgespräch, das ein biografischer Partner mit dem Erzähler oder der Erzählerin führt, hilft es darum, das Stichwort „Lebensthema" im Hinterkopf zu behalten. So hört man sensibler zu und versteht vielleicht schneller, was sie bewegt oder was er ausdrücken möchte.

Eine „Berufung" nenne ich es, wenn Beruf und Lebensthema zusammenfallen (siehe Erzählblatt 33): Ärzte werden Spezialisten für Krankheiten, die sie als Kind erlitten oder bei den Eltern miterlebt haben. So war es bei einem Proktologen, den ich neulich aufsuchte. Als ich ihn fragte, weshalb er so vehement für diese Vorsorgeuntersuchung eintrete, erzählte er mir, dass sein Vater mit nicht einmal 60 Jahren an Darmkrebs gestorben sei.

Manche Kinder identifizieren sich früh mit dem Familienbetrieb, den sie dann – sagen wir – in vierter Generation weiterführen. Auch seltene Hobbys, Brauchtumspflege, Sportarten können Lebensthemen sein oder mit ihnen zusammenhängen.

31 – Mein Lebensmotto

Die drei Beispiele auf der Vorderseite des Erzählblattes dienen als Einstieg ins Thema und als Anregung, zunächst die eigene Fahne zu gestalten. Das Sprachbild von der Fahne wird noch stärker betont, wenn eine Fahne mitgebracht wird, oder wenn die Erzähler Fähnchen erhalten, auf die sie ihr Motto schreiben können.

Alternativ könnten Buttons mit dem Lebensmotto beschriftet werden. Wenn die Buttons getragen werden, dienen sie sicherlich als Gesprächsanlass.

Stephan M. Abt führte eine fantasievolle Aktion mit Lebensmottos durch: Im Rahmen einer „Reminiszenzgruppe“ (einem intensiven Gesprächskreis zur Erinnerungspflege) schrieben neun Teilnehmer*innen im Alter von 76 bis 102 Jahren ihr Lebensmotto auf einen Zettel, den sie an einen Luftballon banden und „dem Himmel anvertrauten“. Diese abschließende und befreiende Symbolhandlung fand am vorletzten Tag eines insgesamt 60 Tage umfassenden Gesprächskreises statt (vgl. Abt 2013, S. 92 ff. und S. 205).

31

Mein Lebensmotto

Was schreiben Sie sich auf die Fahne?

- Ist es ein Lebensmotto, das Sie schon lange begleitet, oder fällt Ihnen gerade ein Spruch ein, der gut zu Ihnen passt?
- Gibt es zu diesem Motto eine Geschichte?

32 – So wurde ich erzogen

In den Jahrzehnten nach Ende des Zweiten Weltkriegs veränderte sich die Art, wie Kinder von ihren Eltern großgezogen wurden, recht dramatisch. Zunächst wurden weiterhin die Erziehungexpert*innen der Nazizeit gelesen. Johanna Haarers Buch „Die Mutter und ihr erstes Kind", das bereits 1934 unter dem Titel „Die *deutsche* Mutter und ihr erstes Kind" erschienen war, wurde bis 1987 über 1,2 Millionen Mal gedruckt. Darin wird eine distanzierte, körperfeindliche Behandlung der Säuglinge empfohlen, die emotionale Bedürfnisse komplett ignoriert. „Das Hauptziel bestand darin, die Beziehung zwischen der Mutter oder den Eltern und dem Kind gar nicht erst entstehen zu lassen. Diesem Zweck dienen auch Haarers Forderungen, keine Zeit gemeinsam zu verbringen außer beim Füttern, Windelwechseln, Anziehen, Baden. Dafür aber waren genaue Zeitspannen vorgegeben. Das Füttern mit der Flasche sollte keinesfalls länger dauern als zehn Minuten, das Stillen nicht länger als zwanzig Minuten. Wenn das Kind ‚bummelt' oder ‚trödelt', soll das Füttern oder Stillen abgebrochen werden. Essen gibt es erst wieder bei der nächsten planmäßigen Mahlzeit" (Tambour 2010).

Für viele Kinder der Nachkriegszeit waren Prügelstrafen „ganz normal". Ingrid Müller-Münch (2012) berichtet von den Biografien dieser „geprügelten Generation". Sie schreibt: „Zu meiner Kindheit gehört aber auch der Kochlöffel. Nicht als Küchenutensil, sondern als Schlaginstrument. Immer dann, wenn ich tagsüber irgendwie ‚muksch' gewesen war, nicht pariert hatte – wie es so schön hieß –, dann wurde mein Vater, da hatte er sein Jackett noch nicht an die Garderobe gehängt, schon mit den Worten begrüßt: Das Kind hat heute Widerworte gegeben. Eine Information, die ihn mit einem genervten Seufzen die Küchenschublade aufziehen und den Kochlöffel herausholen ließ. Dann ging es ab ins Wohnzimmer, wo ich schon dessen harrte, was nun folgen würde. Und dann setzte es was. Aber nicht zu knapp. Ich hatte, wenn man so will, eine für die 50er und auch die 60er Jahre des vergangenen Jahrhunderts ganz normale Kindheit. Deshalb, weil sie so normal war, habe ich eigentlich nie mit jemandem darüber gesprochen" (Müller-Münch 2012, S. 13).

Ein anderes Extrem war die Bewegung der antiautoritären Erziehung, die Ende der 60er Jahre entstand. Auch wenn damit keineswegs nur Laissez-faire, also das bloße Machenlassen ohne Grenzen und Regeln gemeint war: In manchen „Kinderläden" und Kommunen übertrieb man es damit sicherlich.

Eine Generation später wurden Titel wie „Kinder brauchen Grenzen“ von Jan-Uwe Rogge (1993) oder „Warum unsere Kinder Tyrannen werden“ von Michael Winterhoff (2008) zu Bestsellern, während ein „partnerschaftlicher Erziehungsstil“ zum Normalfall geworden zu sein scheint.

Welchen Erziehungsstil man genossen oder erlitten hat, übt einen großen Einfluss auf die eigenen Werte und Gefühle aus. Wir haben Glaubenssätze verinnerlicht, die für das weitere Leben hilfreich oder hinderlich sein können. Sind die Erzählerinnen mit ihnen einverstanden – oder wollen sie sich von diesem Einfluss befreien?

Da Erziehung oft weltanschaulich überhöht wird, ist es wichtig, dass das Erzählen davon in einer Gruppe nicht in eine Diskussion über den vermeintlich besten Umgang mit Kindern mündet. Die konkrete Erfahrung des Einzelnen verlangt Respekt, auch wenn sie zu Meinungen führt, mit denen nicht jedermann übereinstimmt. Umgekehrt sollte die einzelne Erfahrung, um die es beim biografischen Schreiben geht, nicht mit politischen oder pädagogischen Argumenten verwechselt werden. Darum wird auf dem Erzählblatt nach einer typischen Situation gefragt, nicht nach Ideen oder Prinzipien.

32

So wurde ich erzogen

Denken Sie an Ihre Kindheit zurück:

- Wurden Sie als Kind liebevoll behandelt oder eher streng?
- Hatten Sie in der Familie etwas zu sagen? Durften Sie mitbestimmen?
- An welche Strafen können Sie sich erinnern? Wissen Sie noch den Anlass dafür?
- Was wollten Ihnen die Eltern vor allem beibringen? Welche Glaubenssätze haben Sie Ihnen vermittelt?
- Wurden wichtige Entscheidungen mit Ihnen besprochen oder stellte man Sie vor vollendete Tatsachen?

Biografisches Schreiben leicht gemacht

33 – Mein Beruf – meine Berufung

„Wähle einen Beruf, den du liebst, und du brauchst keinen Tag in deinem Leben mehr zu arbeiten", lehrte Konfuzius. Aber nicht alle Menschen finden einen Beruf, den sie auch als ihre Berufung verstehen können. Und eine Berufswahl im heutigen Sinne hat es für viele ältere Menschen noch gar nicht gegeben.

Wer im Erwerbsleben Erfolg hatte und zufrieden war, wird sicherlich gerne davon berichten. Viele tauchen gerne in Einzelheiten früherer beruflicher Aufgaben ein, und vor allem für Männer ist ihre Berufsbiografie auch im Alter noch wichtig. Für wen das Erwerbsleben dagegen eine Last war, der oder die sollte sich gedanklich lieber mit befriedigenden Tätigkeiten beschäftigen und davon erzählen.

Klingenberger (2015, S. 60) schlägt diese Leitfragen vor, um sich der eigenen Berufung klar zu werden:

- „Was regt mich auf und ärgert mich immer wieder? ([...] ein möglicher Hinweis, dass persönliche Werte verletzt werden [...])
- Wie schauen meine Vorstellungen von ‚gutem Leben' aus [...]?
- In welchen Situationen leuchten meine Augen, bin ich bewegt, kann ich alles um mich herum vergessen?
- Was kann ich besonders gut?
- Wo liegen meine Fähigkeiten und Potenziale?"

33

Mein Beruf – meine Berufung

Welche Berufe übten Sie aus? Wofür waren Sie zuständig?

→ ______________________________

→ ______________________________

→ ______________________________

→ ______________________________

Welche Aufgaben mochten Sie am liebsten?

- Auf welche Arbeitsergebnisse sind Sie stolz?
- Welche Herausforderungen konnten Sie bewältigen?
- Welche Tätigkeiten erfüllen Sie mit Zufriedenheit?

34 – Mein Lieblingsort

Von „Kraftorten“ ist derzeit viel die Rede. Im Buchhandel finden sich etliche Reiseführer zu solchen Orten und „Kraftpfade“ in malerischer Natur. Dabei schwankt die Bedeutung zwischen esoterischen oder „geomantischen“ Theorien, nach denen bestimmten Stellen auf der Erde besondere „Strömungskräfte“ zukommen, und persönlichen Lieblingsorten, die meistens biografische Züge aufweisen.

Helga Schubert (2021) schreibt:

> „Mein idealer Ort ist eine Erinnerung: An das Aufwachen nach dem Mittagsschlaf in der Hängematte im Garten meiner Großmutter und ihres Freundes (mein alter Freund, sagte sie) in der Greifswalder Obstbausiedlung am ersten Tag der Sommerferien. Immer am ersten Tag der langen wunderbaren Sommerferien“.

Dieser Lieblingsort wird als unveränderlich dargestellt. Als Gegenentwurf zum unaufhörlichen Lauf der Zeit. Er ist Momentaufnahme und Ewigkeit.

Es rührt uns, wenn wir an einen Ort zurückkehren, den wir lange Zeit nicht besucht haben, und ihn unverändert vorfinden. Denn wir suchen ständig Zuflucht vor der Zeit (und finden sie nicht). Mit dem biografischen Schreiben können wir der Zeit wenigstens für Stunden etwas entgegensetzen.

34 Mein Lieblingsort

An welchem Ort in der Welt fühl(t)en Sie sich rundum wohl?

- Ist es ein Ort zu Hause oder ein Urlaubsort?
- Sind Sie dort am liebsten allein oder mit anderen?
- Was tun Sie meistens an Ihrem Lieblingsort?
- Wann haben Sie den Ort zum ersten Mal kennengelernt?

35 – Woran ich glaube

Die Bedeutung des religiösen Glaubens variiert im Laufe des Lebens. Es gibt ganze Schreibprojekte, die Glauben und Spiritualität in den Mittelpunkt der Biografiearbeit stellen. In Wochenendseminaren zum spirituellen Schreiben, die ich einige Jahre lang im Bistum Limburg durchgeführt habe, kamen – geplant oder ungeplant – stets neue Facetten des persönlichen Glaubens zum Ausdruck: Im Glauben (und im Zweifel) spiegelt sich das ganze Leben. Das Thema kann in einem Erzählblatt also nur angerissen werden.

Die beiden Angebote, die das Erzählblatt macht – einerseits von Erinnerungen an religiöse Erlebnisse zu berichten, andererseits ein persönliches Glaubensbekenntnis zu schreiben – können jeweils in einen größeren Rahmen gestellt werden. Zum einen, indem man weitere Erinnerungen an Glaubensstationen sammelt, zu denen etwa auch die Feiertage zählen können (Erzählblätter 02, 03) oder Erlebnisse wie Konfirmation oder Erstkommunion. Wenn damit ein Nerv getroffen wird, könnten die Aufzeichnungen zu einer chronologischen Glaubens-Autobiografie erweitert werden. Zum anderen, indem man die Auseinandersetzung mit dem persönlichen Glauben inhaltlich vertieft. Hierzu können – neben dem „offiziellen" Glaubensbekenntnis der christlichen Kirchen oder anderer Glaubensgemeinschaften – persönliche Glaubensbekenntnisse anregen, wie sie sich etwa in dem von Peter Rosien (1999) herausgegebenen Sammelband „Mein Credo" finden.

Weitere Ideen und Anregungen zur „Biografiearbeit mit Glaubensschätzen" sind in einem gleichnamigen Heft (Frölich/Hedtmann 2013) und bei Klingenberger (2015) zu finden.

Auf der Internetplattform YouTube findet sich das Hördokument eines Erzählsalons (siehe Teil III) zum Thema „Wie ich meinen Glauben fand" von *Rohnstock-Biografien*. Die Internet-Adresse lautet: *www.youtube.com/watch?v=6HDBdyv10XY* (zuletzt überprüft am 14.11.2022). Die kurzen, mündlich vorgetragenen Glaubensgeschichten – zwischen drei und fünf Minuten lang – eignen sich gut als Einstieg in das Thema oder als Vorbildgeschichten für eine eigene Erzählrunde (das Hörbuch als Ganzes ist dazu eher weniger geeignet).

35 Woran ich glaube

Welche Rolle spielt die Religion in Ihrem Leben?

- Gehören Sie einer christlichen Kirche an?
  Oder einer anderen Religionsgemeinschaft?
- Sind Sie im christlichen (oder islamischen, jüdischen, …) Sinne gläubig, oder haben Sie Ihre „eigene“ Religion?
- Welche Erinnerungen verbinden Sie mit dem Kirchgang, mit Priestern, Geboten und Ritualen?

36 – Darauf bin ich stolz

Hierzu passen die Hinweise zu Erzählblatt 08. Während dort nach der kindlichen Perspektive gefragt wird, dem Gelobtwerden, geht es hier um die eigene Einschätzung, einen kleinen Teil der Lebensbilanz.

36 Darauf bin ich stolz

Was erfüllt Sie mit Stolz, wenn Sie auf Ihr bisheriges Leben zurückblicken?

- Ist es ein beruflicher Erfolg, eine gut geführte Beziehung, Freunde, Ihre Kinder?
- Beschreiben Sie, welche Hindernisse Sie überwunden haben, wie fleißig oder klug Sie waren und welche Kenntnisse und Fertigkeiten Sie erfolgreich einsetzten.

37 – Was mich begeistert

„Unsere Lebensthemen offenbaren sich in den Dingen, die wir lieben" heißt es bei Verena Kast (Kast 2008). Wer fasziniert ist vom Karneval in Rio, hat womöglich ein anders Lebensthema als ein Fußballfan oder eine Liebhaberin einsamer Bergtouren.

„Gute Bücher" und die anderen aufgeführten Stichworte auf der vorgegeben Liste sind bewusst allgemein gehalten. Sie deuten mögliche Bereiche an, in denen begeisternde Inhalte oder Erlebnisse möglich sind. Die eigene Liste auf dem zweiten Block kann schon etwas konkreter werden.

Wer tatsächlich Musikliebhaber ist, wird genau angeben können und wollen, was ihn in Begeisterung versetzt hat. War es vielleicht ein Tanzabend in den 1950er Jahren, ein Orgelkonzert mit Werken von Bach in Leipzig 1979 oder Jimi Hendrix, der aus der Musikbox einer Vorstadtkneipe wummerte? Darum ist auf der Rückseite von einem *Moment* der Begeisterung die Rede, nicht länger von Themen oder Bereichen. Es muss hier also nicht nur um den Gegenstand der Begeisterung gehen, sondern auch um die Situation im Leben, in dem diese Begeisterung aufflammte und vielleicht bis heute brennt.

37 Was mich begeistert

Schreiben Sie auf den zweiten Block Ihre eigene Liste.

Biografisches Schreiben leicht gemacht

38 – Ein Andenken

Interessant und charakteristisch ist schon die Auswahl des Andenkens, und das umso mehr, je origineller es ist.

Wer vielleicht weniger von persönlichen „Staubfängern" hält, besitzt Liebhaberobjekte wie einen Oldtimer, ein Musikinstrument, ein Möbelstück. Oder er schreibt vom eigenen Haus als einem Ort, in dem die Arbeit und das Herzblut vergangener Jahrzehnte steckt.

Für Schreibbegeisterte bietet sich folgende kreative Variante an: „Lassen Sie den Gegenstand selbst sprechen. Erzählen Sie die Geschichte aus der Sicht des Andenkens!"

38 Ein Andenken

Nehmen Sie ein liebes Andenken aus dem Kästchen, vom Regal oder von wo immer Sie es aufbewahren, und beschäftigen Sie sich eine Weile damit.

- Wie würden Sie es jemandem erklären, der es nicht sieht? *(Vielleicht macht es Ihnen Freude, es zu zeichnen oder ein Foto davon in den Rahmen auf der Rückseite zu kleben.)*
- Woher stammt dieses Andenken?
- Wann und von wem haben Sie es bekommen oder gekauft?
- Was bedeutet Ihnen dieses Andenken? Weshalb haben Sie es aufbewahrt?

39 – Brief an ein Enkelkind

Zu dieser anspruchsvolleren Schreibaufgabe finden sich zahlreiche Anregungen in der Literatur. Hier eine Auswahl:

- Härtling, Peter (1995): Zwei Briefe an meine Kinder. München: dtv.
- Liv Ullmann (2004): Briefe an mein Enkelkind. Großdruck. München: dtv.
- Zink, Jörg (2000): An meine Enkel. Stuttgart: Kreuz.

39

Brief an ein Enkelkind

Schreiben Sie einen Brief an ein wirkliches oder vorgestelltes zukünftiges Enkelkind. (Oder an ein Ururur ... - Enkelkind, das weit in der Zukunft lebt.)

- Was ist wichtig im Leben?
- Worauf sollte ein junger Mensch besonders achten?
- Was sollte in der Zukunft nicht verloren gehen?

Der Brief könnte ein kleines „Testament“ Ihrer Lebensweisheiten sein.

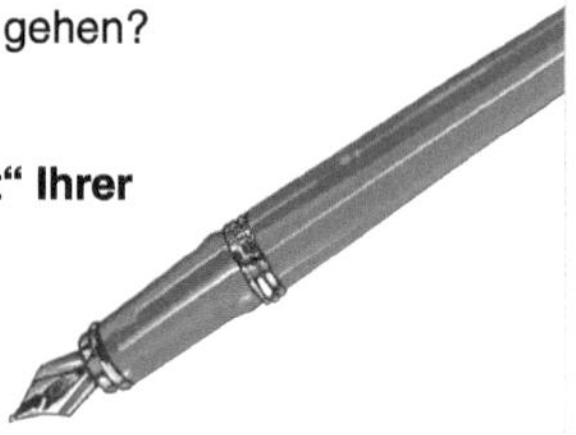

40 – Was mich oft beschäftigt

Günther Müller, von dem ich in Teil I (Abschnitt „Erzählen im Alter“) berichte, beschäftigte sich im Alter zunehmend mit der Zeit des Nationalsozialismus und seiner Kriegsgefangenschaft. Besonders schmerzte ihn, dass er als gläubiger Christ auf die Lügen der Nationalsozialisten hereinfallen konnte und sich freiwillig zum Kriegsdienst meldete. Und das, obwohl er die Zerstörung der großen Synagoge in Wiesbaden 1938 mit eigenen Augen gesehen hatte. Das ließ ihn nicht los.

Episoden von Schuld und Scham (vgl. Kast 2010), verpasste Chancen, aber auch die Faszination, die Sport oder Kunst auf uns ausübt, können sich zu Lebensthemen entwickeln. Kreisende Gedanken mögen uns lähmen. Was uns derart beschäftigt, kann jedoch auch der Motor sein, der uns Dinge anpacken und verwirklichen lässt - so wie Günther Müller noch sein Buch verwirklichen wollte oder andere sich vielleicht für soziale Belange engagieren, weil sie als Kind erlebten, wie die Eltern am Geldmangel litten und sich schämten. Hier ergibt sich eine Verbindung zu Erzählblatt 33.

40

Was mich oft beschäftigt

Gibt es ein Erlebnis, das Sie nicht loslässt?

- Woran denken Sie immer mal wieder zurück?
- Welches Thema beschäftigt Sie immer wieder, auch wenn es vielleicht nicht aktuell ist?
- Ist es Reue, die Sie zurückdenken lässt, Scham oder Ärger?
- Gibt es etwas, was Sie glauben, verpasst zu haben?

Erzählblätter 41 bis 50 – Übergänge

Das wirklich Persönliche, das „Einzigartige“ ist schwer zu erfassen, wenn man sich (wie in den Erzählblättern 01 bis 20) in erster Linie an den Stationen eines „normalen“ Lebenslaufs orientiert.

In „Liebe Menschen“ (21 bis 30) wird versucht, dieses ganz Persönliche im Spiegel der Menschen zu entdecken, die das eigene Leben begleiten oder begleiteten. In „Lebensthemen“ (31 bis 40) wird es direkt an- und ausgesprochen.

Hier geht es um eine weitere Zugangsweise zu jenem Einzigartigen. Die Schriftstellerin Judith Barrington (2004, S. 37) erklärt es so: „[…] die Meilensteine in einem Leben, die, die Leidenschaften wecken, Veränderungen hervorrufen oder schmerzvolles Wachstum erzeugen – all dies geschieht in jenen Momenten in Beziehungen und Ereignissen, die für jeden Menschen einzigartig sind“. Darum rät sie: „Spüren Sie die authentischen, einzigartigen Momente in ihrem Leben auf, und die Geschichten, die damit verbunden sind“.

In diesen Erzählblättern geht es also darum, die „einzigartigen Momente aufzuspüren“, die den Erzähler oder die Autorin zu eben dem Menschen haben werden lassen, der er ist. Es geht um die Stationen des Lebens als Entwicklungsstationen. Nach Charakter oder Überzeugungen wird nicht mehr direkt gefragt. Stattdessen regen die Blätter dazu an, sich an die Wendepunkte und „Scharniere“ des Lebens zu erinnern und zu erzählen, warum es so und nicht anders gekommen ist.

41 – An einer Biegung des Flusses

Für das Verständnis des Erzählblattes ist es entscheidend, dass die Fluss-Metapher als Metapher oder Sinnbild erkannt wird. Andernfalls schreibt so mancher von einer Flusskreuzfahrt oder einem Paddelurlaub. Während eines Schreibseminars habe ich einmal einen ähnlichen Schreibimpuls gegeben: Ich verwendete den „Berg“ als Metapher für eine Schwierigkeit, die man im Leben überwunden hat („über dem Berg sein“). Doch am Ende schrieben mehrere Teilnehmer*innen von einer selbst erlebten Bergtour!

In einer Schreibgruppe wird es am besten sein, die Metapher zunächst gemeinsam zu besprechen. Dafür gibt es viele Möglichkeiten:

- In ruhiger Atmosphäre, vielleicht unterstützt durch meditative Musik, kann sie ausführlich vorgestellt werden, zum Beispiel in einer Fantasiereise „Von der Quelle bis zum Meer“.
- In der Mitte eines großen Tisches oder auf dem Boden liegt ein gewundenes Tuch, das den „Fluss des Lebens“ darstellt. An den „Biegungen“ werden Kärtchen platziert, auf denen Wendepunkte im Leben der Erzähler notiert sind: „Flucht aus der DDR“, „Scheidung“, „Abitur“ und ähnliche Stichworte.
- Bevor der Schreibende eine Biegung des Lebensflusses auswählt, um von ihr zu erzählen, malt er oder sie auf einem großen Bogen Papier (mindestens DIN-A3) einen gewundenen Fluss, dessen Windungen er mit Wörtern oder mit gemalten Symbolen (z. B. Zugschienen für die Flucht, ein zerbrochener Ring für eine Scheidung, mathematische Formeln für das Abitur) versieht.

41

An einer Biegung des Flusses

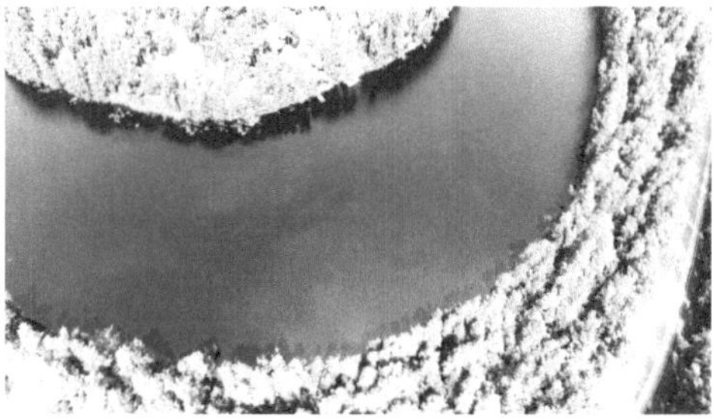

Das Leben ist wie ein Fluss. Es entspringt der Quelle und ergießt sich ins Meer. Es gibt viele Zuflüsse, viele Wendungen, enge Stellen und breite Ströme. An einer Biegung ändert sich die Richtung des Flusses – des Lebens. Das Schicksal wendet sich, zum Guten oder zum Schlechten.

Wann hat Ihr Leben seine Richtung geändert?

◎ Vielleicht geschah das häufiger. Wählen Sie für heute eine solche Biegung aus. Schreiben Sie dazu ein Stichwort ins obige Bild.

Setzen Sie sich in Gedanken an diese Biegung Ihres Lebensflusses.

◎ Lassen Sie diesen Lebensabschnitt an sich vorüberziehen: Wie verlief Ihr Leben vor der Biegung? Wie war es danach?

42 – Welchen Weg bin ich gegangen?

Während in Erzählblatt 41 eher „Sachzwänge“ angesprochen sind, die das Leben ohne großes Zutun in eine andere Richtung lenkten, geht es hier um bewusste Entscheidungen.

Die Metapher der Weggabelung ist recht einfach zu erfassen, dennoch kann es hilfreich sein, sie in ähnlicher Weise einzuführen, wie für Erzählblatt 41 beschrieben.

Natürlich lässt sich auch dieses Erzählblatt mehrfach verwenden. Wer sein Schreiben planen möchte, könnte zunächst eine (offene) Liste aller wichtigen Lebensentscheidungen anlegen.

42

Welchen Weg bin ich gegangen?

Denken Sie an eine wichtige Entscheidung in Ihrem Leben. (Sie können das Blatt auch mehrfach verwenden.)

- Haben Sie auch gezögert, wie die Frau im Bild: Soll ich nach links gehen oder nach rechts?
- Ließen Sie sich helfen, oder entschieden Sie allein? Oder hätten Sie gerne selbst entschieden?

Schreiben Sie die Möglichkeiten, vor denen Sie standen, auf die Wegweiser im Bild.

43 – Der erste Tag … • 44 – Der letzte Tag …

Letzte und vor allem erste Tage bleiben gut in Erinnerung. Anstatt zu erzählen, was „man" auf einer Arbeitsstelle im Allgemeinen angefangen hat, ist es oft reizvoller und spannender für zukünftige Leser*innen, den ersten Tag dort ausführlich zu schildern. Während Routinetätigkeiten im Rückblick zu einem allgemeinen Bild erstarren, bleibt der erste Tag als ein konkretes Erlebnis im Gedächtnis, dessen erlebte Spannung („Was wird mich erwarten? Was werde ich erfahren?") sich auf die Erzählung überträgt. Weil am ersten Tag noch nichts selbstverständlich war und der Erzähler oft selbst noch lernen musste, worauf es ankommt, sind solche Geschichten auch für Außenstehende gut nachvollziehbar.

Ähnliches gilt für den letzten Tag, der zusätzlich mit einer Bilanz des Gewesenen verbunden sein kann, etwa so: „Nun räume ich meinen Arbeitsplatz, sage dem und dieser auf Wiedersehen, höre diese oder jene Reaktion und blicke auf mein langes Arbeitsleben zurück".

Manche letzte Tage werden geplant, andere kommen unerwartet, etwa der letzte Tag mit einem geliebten Menschen.

Erste und letzte Tage markieren Übergänge im Leben, die uns einiges abverlangen. Wir müssen unsere Kräfte mobilisieren, um neuen Herausforderungen gerecht zu werden oder mit einem Verlust klarzukommen. Wer sich an Übergänge erinnert, erinnert sich also zugleich an die eigenen Kräfte und seelischen Ressourcen.

43 Der erste Tag …

Beschreiben Sie einen ersten Tag …

- in der Schule,
- bei der Arbeit,
- in einer Stadt,
- mit einem bestimmten Menschen,
- einer neuen Lebens-Station.

Denken Sie an diesen Tag zurück:

- Wie sind Sie an diesem Tag aufgestanden?
- Wie ist der Tag verlaufen?
- Was war das Schwierigste an diesem Tag?
- Was war das Schönste an diesem Tag?

44 *Der letzte Tag …*

Beschreiben Sie einen letzten Tag …

- in der Schule,
- bei der Arbeit,
- in einer Stadt,
- mit einem vertrauten Menschen,
- einer vergangenen Lebens-Station.

Denken Sie an diesen Tag zurück:

- Wie ist der Tag verlaufen?
- Wussten Sie im Voraus, dass es der letzte Tag sein würde, oder wurde es Ihnen erst später klar?

45 – Wie ich eine Niederlage überwand • 46 – Ein Umzug • 47 – Eine wichtige Prüfung • 48 – Wie ich einmal krank wurde

In diesen Erzählblättern werden weitere Übergänge angesprochen, die wohl im Leben der meisten Menschen eine Rolle spielen.

Übergänge, schreibt Verena Kast (2010, S. 13), „teilen unser Leben in ein ‚vorher' und ein ‚nachher' ein, […] im Rückblick auf unser Leben gelingt es uns, dieses vorher und nachher miteinander zu verbinden, den Lebensübergang als sinnvoll zu erleben, ihn zu verstehen".

Auch hier zeigt sich das „Romanhafte" an den Erzählblättern des Kapitels „Übergänge": Sie fordern nicht allein zum Erinnern, Berichten und Festhalten auf, sondern möchten auch zum *Verständnis* des gelebten Lebens beitragen. Eine Niederlage, die Aufregung eines Umzugs oder einer Prüfung – deren Erlebnis die wenigsten unverändert zurücklässt – oder eine Krankheit zu verstehen, heißt, sie ins Ganze des Lebens einordnen zu können. Auf diese Weise kommt der Schreibende oder die Erzählerin – so ist zu hoffen – ein wenig mehr ins Reine mit den Erlebnissen, die sein oder ihr Leben erschütterten.

45

Wie ich eine Niederlage überwand

Denken Sie zurück:

- Wann mussten Sie in Ihrem Leben eine Niederlage, einen Misserfolg oder einen Rückschlag hinnehmen?
- Wie kam es dazu?
- Was hat Ihnen dabei geholfen, die Niederlage zu überwinden?
- Was haben Sie aus dem Rückschlag gelernt? Hat er sich am Ende sogar als nützlich erwiesen?

46

Ein Umzug

***Geburt** (im Jahr________)*

heute

Wie oft sind Sie schon umgezogen?

- Markieren Sie Ihre Umzüge mit Strichen auf dieser „Lebenslinie“.
- Notieren Sie daneben jeweils das Jahr und den Anlass für den Umzug.

47 *Eine wichtige Prüfung*

Was war die schwerste Prüfung, die Sie bisher bestanden haben?

- In der Schule, im Studium, im Beruf oder anderswo?
- Wie haben Sie sich vorbereitet?
- Welche Begleitumstände gab es?
- Wer war beteiligt?

48 Wie ich einmal krank wurde

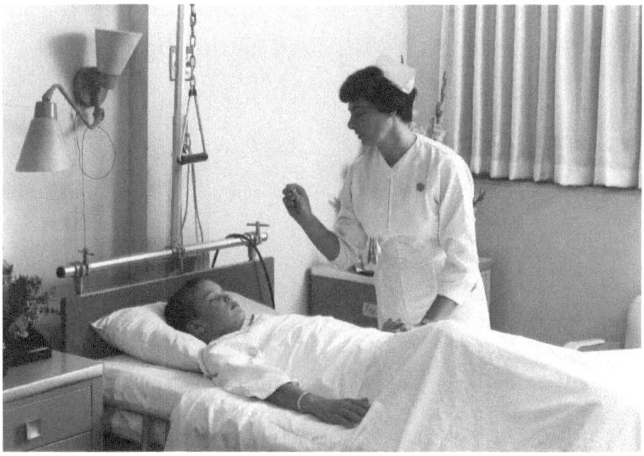

Schreiben Sie über eine Krankheit, die Sie überstanden haben.

- Wie verlief die Krankheit, Ihr Besuch beim Arzt, die Diagnose?
- Waren Sie im Krankenhaus, in der Rehabilitationsklinik?
- Was war besonders schwer?
- Woran erinnern Sie sich vielleicht trotzdem gerne?
- Was war besonders wichtig für Ihre Genesung?

49 – Die Zeiten ändern sich

Technische Veränderungen, beruflicher und gesellschaftlicher Wandel: Im 20. Jahrhundert erlebten wir erstaunliche und zum Teil erschreckende Entwicklungen. Was denken ältere Menschen, wenn ihre Enkel mit einem „Tablet" in Form einer etwas dickeren Glasplatte hantieren, mit der sie fotografieren, filmen und telefonieren können?

Wenn die Enkel oder andere „Heutige" sich für die Vergangenheit interessieren, werden die „Gestrigen" zu Experten für ihre eigene Zeit.

49

Die Zeiten ändern sich

Welche drei Dinge sind aus dem Leben verschwunden?	**Welche drei Dinge gab es früher noch nicht?**
→ ______	→ ______
→ ______	→ ______
→ ______	→ ______

- Vermissen Sie eines der verschwundenen Dinge? (grün unterstreichen)
- Worauf können Sie gut verzichten? (rot unterstreichen)
- Welchen Alltagsgegenstand, den es früher noch nicht gab, schätzen Sie? (grün)
- Welche Neuerung stört Sie? (rot)

50 – Ein historisches Datum aus meiner Sicht

Viele Übergänge im Leben haben weniger mit persönlichen Entscheidungen zu tun als mit historischen Vorgängen. So erging es vielen, die in unruhigen (Nach-)Kriegszeiten groß wurden, Migrant*innen oder Bürger*innen der neuen Bundesländer. Die Weltgeschichte brach in ihr Leben ein – und nichts blieb so, wie es war. Als Erzählende und Schreibende werden ältere Menschen zu Zeitzeugen.

In einer Schreibgruppe kann zunächst eine Zeitleiste erarbeitet werden, in der sowohl politische und kulturelle Ereignisse als auch die Lebensdaten der Teilnehmer Platz finden. Große Bögen Papier können aufgehängt werden, die für je einen Zeitabschnitt (und eine Handvoll Jahrgänge) stehen: „vor 1940", „1940 bis 1944", „1945 bis 1950" usw. So können auch Kleingruppen gebildet werden, die zu bestimmten Jahrgängen gehören und die sich der Gestaltung ihres Bogens widmen. Zuletzt können die Erzählblätter beschrieben und der „Zeitleisten-Ausstellung" hinzugefügt werden.

50 Ein historisches Datum aus meiner Sicht

Welche dieser historischen Ereignisse hatten die größten Auswirkungen auf Ihr Leben?
Markieren Sie es rot.

An welches können Sie sich am besten erinnern?
Markieren Sie es blau.

Welche weiteren Daten halten Sie für wichtig?
Ergänzen Sie den Zeitstrahl.

1945	Kriegsende
1948	Währungsreform, Berlin-Blockade
1949	Gründung von BRD und DDR
1953	Volksaufstand in der DDR
1962	Kubakrise
1971	Honecker löst Ulbricht ab
1974	Rücktritt Willy Brandts
1989	Fall der Berliner Mauer
1990	Deutsche Wiedervereinigung
2001	Terroranschläge in den USA

Erzählblätter 51 bis 60 – Spielerisches

Einige Erzähler neigen zu nüchternen und „ernsthaften" Darstellungen, die wie private Geschichtsbücher klingen, andere blühen auf, wenn sie Gedichte schreiben „dürfen". Versuchen Sie nicht, diese stilistischen Vorlieben umzukrempeln, das wird in den meisten Fällen nur Unlust hervorrufen. Andererseits gilt es, biografische Partner oder Teilnehmer*innen einer Schreibgruppe nicht zu unterschätzen. „Manche Menschen", schreib der Altersforscher Gene D. Cohen (2009, S. 186), „fangen im Alter von etwa 65 Jahren an, ihr kreatives Potenzial zum ersten Mal in bedeutsamem Umfang zu erschließen".

Wer zum spielerischen Schreiben anleitet, sollte selbst flexibel und spielerisch mit den Vorgaben umgehen. Wenn etwa statt einer Liste doch lieber ein kleiner „Aufsatz" geschrieben wird, ist das völlig in Ordnung.

51 – Ein Brief ans Leben

Die Idee zu diesem Erzählblatt stammt von Verena Nickel. In einer persönlichen Krise fragte sie sich, wie andere Frauen wohl solche Situationen bewältigen. Oder ganz allgemein: Wie sie in ihrem Leben mit Schwierigkeiten und Rückschlägen umgehen.

Über das Internet sammelte sie und eine weitere Herausgeberin Antworten auf diese Fragen. Daraus entstand ein Buch mit 100 „Briefen an das Leben". Die jüngste der Briefeschreiberinnen, die sie dafür gewinnen konnten, war 14 Jahre alt, die älteste 58 (vgl. Nickel/Nordmann 2018).

In den 100 Briefen, die jeweils zwei bis drei Buchseiten umfassen, kommt neben einiger Dankbarkeit auch viel Schweres zur Sprache: Krankheiten, eigene und die von geliebten Menschen, Beziehungskrisen, Gewalterfahrungen, Ängste. Doch dass die Autorinnen schreiben, bedeutet zugleich, dass sie nicht aufgeben. Der Lebensmut wird am Ende siegen: Das war wohl der Gedanke, den die Herausgeberinnen vermitteln wollten.

Die Briefe beginnen mit der Anrede „Liebes Leben," – und anschließend geht es ganz unterschiedlich weiter. Nora, 28 Jahre alt, schreibt zum Beispiel:

„Liebes Leben,
Du hast meiner Mama die Chance genommen, ihre Enkel kennenzulernen, hast mir die Chance genommen, ihr zu sagen, dass sie nun zum vierten Mal Oma werden würde, aber Du hast mir auch etwas geschenkt. Etwas Besonderes, etwas Großes: ein neues Leben".

51 *Ein Brief ans Leben*

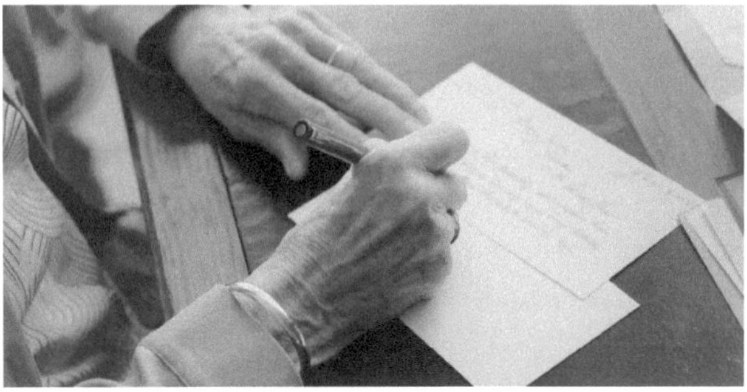

Was wollten Sie Ihrem Leben immer schon mitteilen?

- Hat es Sie gut behandelt, oder fühlen Sie sich vom Leben benachteiligt?
- Welche Schwierigkeiten und welche Freuden hat es Ihnen bereitet?
- Was hat Ihnen das Leben ermöglicht?
  Was hat es Ihnen (bisher) vorenthalten?
- Möchten Sie dem Leben danken? Wofür?
- Was haben Sie noch mit ihm vor?

Schreiben Sie einen Brief ans Leben.
(Sie könnten ihn auch diktieren.)

52 – Meine Wunschliste

Was verrät mehr über unsere Identität als unsere Wünsche? Schon die Art von Wünschen, die wir hegen, ist charakteristisch. Kinder, so scheint es, wünschen sich vor allem *Dinge* – so üben wir es mit ihnen, wenn sie einen Weihnachtswunschzettel schreiben. Aber es geht auch anders.

Auf der Rückseite der Kinderzeitung meiner Tochter wurden die „Steckbriefe" von jungen Leserinnen veröffentlicht. „Mein größter Wunsch" lautete eine der Rubriken. Hier ging es ganz selten um irgendwelche Dinge, sondern um das große Ganze, um das sich die Kinder zu Recht sorgten: Frieden wünschten sich viele, und dass die Natur besser geschützt werde. Die meisten, so glaube ich, würden dafür auf die Erfüllung ihrer Weihnachtswünsche verzichten. Viele Kinder wissen nämlich genau, worauf es ankommt.

Als Einstimmung in das Thema „Wünsche" eignen sich Märchen. Zahlreiche davon erzählen von den Schwierigkeiten des Wünschens, etwa „Die drei Wünsche" von Bechstein.

In unseren erlebnishungrigen Zeiten liest man von Wunschlisten oft als Listen davon, was man noch tun oder erleben möchte, bis man ein bestimmtes Alter erreicht hat, oder bis zum Lebensende (eine sogenannte „Bucket-List" oder „Löffelliste"). Dazu gibt es inzwischen auch einige Ausfüllbücher (z.B. Ketteler 2020).

52 *Meine Wunschliste*

Haben Sie als Kind Wunschlisten geschrieben?

- Wussten Sie schon, was Sie davon bekommen würden?
- Erinnern Sie sich an das Glücksgefühl oder die Enttäuschung, wenn Sie etwas bekamen oder nicht?

Was schreiben Sie heute auf Ihre Wunschliste?

- Glück und Weltfrieden?
- Eine Ballonfahrt über den Vesuv?
- Einen Sportwagen?
- Oder doch lieber nur kleine, realistische Wünsche?

Biografisches Schreiben leicht gemacht

53 – Ein erfundener Lebenslauf

Erzählblatt 52 fortführend geht es hier um eine ganze Wunsch-Biografie. Schriftsteller*innen erzählen, dass sie Figuren und Geschichten erfinden, um über den Horizont ihres eigenen Lebens hinauszuschauen. Umgekehrt hängt das, was sie erfinden, auf versteckte Weise mit ihrem eigenen Leben zusammen. Darum heißt es auch: „Alles Schreiben ist autobiografisch".

Wie weit können wir uns also überhaupt von unserem eigenen Lebenslauf entfernen? Manche Erzähler und Autorinnen werden vielleicht nur weniges ändern wollen, den Beruf oder das Land. Andere träumen sich weit weg, auf einen anderen Planeten, eine völlig neue Lebensform.

Im spielerischen Umgang kann sich erschließen, wie viel auch an dem vermeintlich „wahren Lebenslauf" fiktiv sein kann. Was Zufall war, erscheint im Nachhinein als sorgfältig geplant. Peinliches vergessen wir lieber, Lücken werden geschlossen. Wo liegt also die Grenze zwischen wahr und erfunden?

53

Ein erfundener Lebenslauf

Ein Leben reicht nicht? Denken Sie sich eines dazu!

- Wo beginnt Ihr Wunsch-Lebenslauf? Als Kind von Bettlern oder von Königen?
- Werden Sie vom Tellerwäscher zum Millionär?
- Wem möchten Sie begegnet sein, was möchten Sie getan haben?
- Können Sie Ihre Einsichten diesmal perfekt umsetzen oder leben Sie in den Tag hinein?

Erfinden Sie Ihren Zweit-Lebenslauf.

54 – Ein Fragebogen

Viele kennen den Fragebogen von Antoinette Faure, den Marcel Proust ausfüllte und mit dem sich vor Jahren zahlreiche Prominente für das FAZ-Magazin beschäftigten. Er findet sich noch immer an vielen Stellen im Internet, etwa unter dieser Adresse: *https://home.uni-leipzig.de/horst-rothe/fragebog.htm* (zuletzt aufgerufen am 25.11.2022). Von ihm werden im Erzählblatt Anleihen gemacht.

Gleich elf ausführliche und anspruchsvolle Fragebogen stammen vom Schriftsteller Max Frisch (1992).

In einer Gruppe könnte man sich einen eigenen Fragebogen ausdenken – oder sich gegenseitig Fragen stellen, wie bei einem Pfänderspiel oder einer Variation des „Flaschendrehens“: Tat oder Wahrheit.

Der Fragebogen stellt keine Anforderungen an Erzähl- oder Schreibvermögen. Darum bietet er sich für den Einstieg oder eine Kennenlernrunde an.

54 Ein Fragebogen

- Welchen Menschen, irgendwo heute auf der Welt oder in der Vergangenheit, würden Sie gerne treffen?

  ____

- Zu welchem Tag in Ihrem Leben würden Sie heute gerne zurückkehren?

  ____

- Welche Eigenschaften schätzen Sie an Ihren Mitmenschen?

  ____

- Welche Eigenheiten können Sie nicht leiden?

  ____

- Welche politische oder gesellschaftliche Veränderung in der Vergangenheit begrüßen Sie?

  ____

- Was hätten Sie gerne zurück, so wie es früher war?

  ____

55 – Ein Lieblingslied

Vor einiger Zeit warb der dritte Radiosender des hessischen Rundfunks, hr3, damit, der Sender der „Lieblingssongs“ zu sein. Hörer*innen erzählten von den (zumeist romantischen) Geschichten, die sie mit den Liedern verbinden. Auf der Website von hr3 konnte man sich sein eigenes Lieblingslied wünschen. Dort wurde man gefragt: „Warum möchten Sie dieses Lied hören? (‚Is’ cool‘ oder ‚Weil ich es toll finde‘ reicht uns nicht. Etwas ausführlicher darf es schon sein! Songs mit einer guten Geschichte haben größere Chancen, gespielt zu werden als die, bei denen nur ‚Is’ cool‘ dabei steht)“.

Der Grund für ein Lieblingslied kann in einem äußeren oder einem inneren Zusammenhang liegen. Entweder etwas Schönes, Erinnerungswürdiges ist passiert – und gleichzeitig lief dieses Lied im Radio oder auf dem Plattenspieler, was uns seither und für immer an jenes Ereignis erinnert. Oder die Schönheit des Liedes selbst zieht uns an. Bei manchen ist es der Text, der den Unterschied macht – bei anderen die Melodie oder der Stil, der Sound.

Der Journalist und Künstler Stefan Weiller befragte Sterbende nach ihren „letzten Liedern“, Musikstücken, die ihnen viel bedeuteten. Er sammelte die Lieder und Erzählungen und entwickelte damit eine musikalischen Lesung, Bücher und Hörbücher. Weiller zeigt, wie eng Musik mit dem Leben verbunden sein kann – nicht allein bei Musikern. Mehr dazu auf seinen Internetseiten: *www.stefan-weiller.de/letztelieder* (zuletzt aufgerufen am 15.11.2022).

Lieblingslieder können als roter Faden durch ein Leben führen. Dazu lässt sich das Erzählblatt mehrfach verwenden.

55 *Ein Lieblingslied*

Haben Sie ein Lieblingslied?

- Ist es ein Kirchenlied oder ein Schlager, eine Opernarie oder ein Volkslied?
- Lieben Sie besonders seine Musik, oder den Text?
- Liegt es an der Situation, in der Sie das Lied zum ersten Mal gehört haben?
- Oder am Sänger, der Sängerin?

Wie heißt Ihr Lieblingslied?

→ ______________________________

(Sie können das Erzählblatt auch mehrfach verwenden.)

56 – Ein Rezept

Mein Vater freute sich neulich, weil er Maisgries (Polenta) im Supermarkt gefunden hatte. Ein „Arme-Leute-Essen“ sagte er. „Das habe ich viel gegessen in der Nachkriegszeit. Den Grieß haben wir natürlich selbst gemacht, Mais hatten wir ja.“

In der Gruppe können wunderbare Rezeptsammlungen entstehen (eine Art Themenheft, entsprechend dem Kapitel „Erzählblätter kombinieren und ergänzen“ in Teil III). Noch wichtiger: Selbst kochen und essen!

56

Ein Rezept

Was haben Sie als Kind gerne gegessen?

→ ______________________________

→ ______________________________

→ ______________________________

Welches Gericht haben Sie wohl am häufigsten gegessen?

→ ______________________________

→ ______________________________

Welches ist Ihre absolute Lieblingsspeise?

→ ______________________________

Schreiben Sie das Rezept eines dieser Gerichte auf.

57 – Was ich träumte in der Nacht

Die „Traumdeutung" sollte – wenn überhaupt – spielerisch bleiben. Im Vordergrund stehen das individuelle Erleben und das Wundern über die eigene Fantasie. Gerne darf es dabei auch bunt, „verrückt" und unlogisch zugehen. Dazu könnte eine Gruppenleitung ausdrücklich ermuntern.

57 Was ich träumte in der Nacht

Erinnern Sie sich an einen besonderen Traum?

- Ist es ein Traum, der für Ihr Leben wichtig war, oder einer, der Ihnen besonders seltsam vorkam, und den Sie sich deshalb gemerkt haben?
- Gehören Sie zu den Menschen, die viel träumen und auch tagsüber über ihre Träume nachdenken?
- Oder schlafen Sie wie ein Stein und erinnern sich nach dem Aufwachen nur sehr selten an einen Ihrer Träume?

58 – Die Karte meines Lebens

Die Anregung hierzu stammt aus Borg (1989, S. 99). In einer Gruppe kann ähnlich wie bei der Zeitleiste (Erzählblatt 50) zunächst eine gemeinsame, große Karte erworben oder erstellt werden – generalstabsmäßig, mit kleinen Fähnchen in unterschiedlichen Farben oder Klebe-Etiketten.

Vielleicht findet man auch die Gelegenheit, alte Pläne und Karten (als Faltkarten oder in Atlanten) mit heutigen zu vergleichen. Was hat sich wann geändert?

Für Vielreisende oder Menschen, die früher viel gereist sind, heute aber nicht länger dazu in der Lage sind, bildet eine Welt- oder Europakarte mit Fähnchen, bunten Stecknadeln oder Punkten an allen bereisten Orten eine schöne Erinnerungshilfe und einen Gesprächsanlass. Sie können stolz an die vielen Orte zurückdenken, an denen sie schon waren, und von ihren Reisen erzählen.

Für Kinder oder Jugendliche, die zum Beispiel abwechselnd bei Mutter oder Vater wohnen oder in verschiedenen Heimen lebten, kann eine persönliche Landkarte zur Orientierung dienen (vgl. Ryan/Walker 2003, S. 64 f.). Dafür reicht es, eine Straßenkarte mit Punkten und Pfeilen zu versehen.

58

Die Karte meines Lebens

Welche Orte waren und sind in Ihrem Leben wichtig?
Verwenden Sie die Karte auf der Rückseite oder fotokopieren Sie eine passende Karte Ihres Landes (oder der Welt, falls Sie viel herumgekommen sind).

Markieren Sie die wichtigen Orte farbig und beschriften Sie:

- Ihren Geburtsort, mit Datum
- Orte, an denen Sie gelebt haben, mit Datum
- Orte, die Sie bereist haben und die Ihnen wichtig geworden sind
- Orte, an denen wichtige Menschen leben
- andere wichtige Orte

59 – Ein Orden für mich

Vergleiche die Hinweise zu den Erzählblättern 08 und 36.

59 Ein Orden für mich

Wofür hätten Sie eigentlich einen Orden verdient?
Seien Sie einmal ganz unbescheiden.

- Tragen Sie Ihren Namen auf der Urkunde ein.
- Schreiben Sie eine Begründung für die Ordens-Verleihung. Sie dürfen auch gerne etwas übertreiben.

(Die Begründung können Sie in Ich-Form schreiben, oder Sie schreiben über sich in der dritten Person, wie es auf einer richtigen Urkunde der Fall wäre.)

60 – Mein Name

Dieses Erzählblatt bietet sich ebenfalls für eine Vorstellungsrunde in der Gruppe an. Dass auf die auf dem Erzählblatt beschriebene Weise ein einfaches Gedicht entsteht – ein sogenanntes Akrostichon –, muss nicht eigens betont werden.

Das Namens-Gedicht kann auch auf einen größeren Bogen geschrieben und bunt ausgemalt oder geschmückt werden.

60

Mein Name

Was fällt Ihnen zu Ihrem Namen ein? Passt er zu Ihnen?

- Schreiben Sie die Buchstaben Ihres Namens untereinander.
- Schreiben Sie hinter jeden Buchstaben ein Wort, das Sie beschreibt, Ihre Eigenschaften und Fähigkeiten, und mit diesem Buchstaben beginnt.

Ergänzungsblatt ohne Nummer

Wenn der Platz auf einem Erzählblatt nicht ausreicht, können jederzeit weitere Seiten hinzugenommen werden. Dabei sind der Fantasie keine Grenzen gesetzt, vom einfachen weißen A4-Blatt zu aufwändig gestalteten Ergänzungen, Verzierungen, Zeichnungen, Fotos. Wer auf Einheitlichkeit Wert legt, bedient sich dieses Ergänzungsblatts, bei dem Nummer und Titel des jeweiligen Erzählblatts eingetragen werden kann.

Teil III:
Praxisideen und Beispiele

Schreibende brauchen Unterstützung

Eine Kundin, deren Lebenserinnerungen ich lektorieren durfte, wurde von Zweifeln geplagt: Genügt mein Schreibstil den Anforderungen der Kinder, der Enkel? Sie wollte ihre Familie mit einem fertigen Buch überraschen, darum verriet sie niemandem davon. Doch immer wieder ließ sie die Arbeit liegen, eine Krankheit kam dazwischen, die Zeit verging. Irgendwann konnte ich sie davon überzeugen, das schon Erreichte ihrem Sohn zu zeigen. Es stellte sich heraus, dass er ihr nicht nur die Befürchtungen nehmen, sondern auch bei der Auswahl der Bilder und der Computerarbeit helfen konnte. Und siehe da: Nach wenigen Monaten hielten sie ihr Werk in Händen!

Wer Lebenserinnerungen zu Papier bringt, braucht in der Regel Bestätigung. Der Gedanke an die Nachwelt reicht in den seltensten Fällen aus. Was geschrieben wird, sollte deshalb unter die Leute kommen, gezeigt und vorgelesen werden: Lob und Anerkennung lassen nicht lange auf sich warten und geben den Schreibenden die Kraft, weiterzumachen.

Wenn jemand, der noch nie ein längeres Werk zu Papier gebracht hat, seine Erinnerungen aufschreiben möchte, läuft er Gefahr, kurzatmig zu werden. Denn es sind viele Erinnerungen, und manches müsste ausführlich erzählt werden. Doch Kinder oder Enkel fragen nach, der wöchentliche Frauenkreis möchte etwas lesen, auch die eigene Ungeduld und der Zweifel drängen – also wird verkürzt, damit das Heft oder Buch möglichst bald fertig wird. Darunter aber leiden die Geschichten. Denn je knapper berichtet wird, desto weniger persönlich und lebendig werden die Aufzeichnungen.

Besser als sich zu beeilen ist es darum, das Geschriebene nach und nach zu zeigen: jeweils ein Kapitel, eine Geschichte oder ein Erzählblatt. Wenn die Umwelt darauf freundlich und ermutigend reagiert – so ist es in den allermeisten Fällen – fühlen sich die Schreibenden unterstützt statt angetrieben.

Wer Erzählblätter bearbeitet, ob allein, in einer Schreibgruppe oder zusammen mit einem biografischen Partner, freut sich, wenn die fertigen kleinen Werke angemessen gewürdigt werden: Die Blätter sollten möglichst vorgelesen werden. Sie müssen unbedingt pfleglich behandelt werden, und sie sollten nach Möglichkeit weiterverwendet werden, als Teile eines Heftes, einer Wandzeitung oder als Exponate einer Ausstellung.

Erzählblätter kombinieren und ergänzen

Lebenshefte

Mehrere Erzählblätter zusammen, nachvollziehbar geordnet, ergeben ein *Lebensheft.*

Am einfachsten ist es, dafür eine *Sicht- oder Präsentationsmappe* zu verwenden, wie sie von Schreibwarenherstellern angeboten werden: Mappen mit einer festen Anzahl von Klarsichthüllen (häufig 20 oder 40 Stück) und einem Einschub für das Titelblatt. Die Erzählblätter können dort als handschriftliches Original oder abgetippt und als Computerausdruck präsentiert werden – wobei der Einsatz des Computers wiederum neue Gestaltungsmöglichkeiten schafft.

Flexibler als eine Sichtmappe ist ein möglichst hübscher *Ringbuchordner* im A4-Format, der mit einer variablen Anzahl von Klarsichthüllen für die Erzählblätter gefüllt wird. Ergänzend lassen sich Schmuckseiten gestalten, mit Bildern aller Art, alten Postkarten, und vielem andern. Es gibt spezielle Foto-Sichthüllen, in denen Fotos unterschiedlicher Größe A4-tauglich gemacht werden können.

Anregungen zur Gestaltung von Lebensheften dieser Art findet man im Internet auch unter dem Stichwort „Scrapbook". Als Scrapbooks werden besondere Fotoalben bezeichnet, die mit mehr oder weniger ausführlichen Bildunterschriften, mit Zeichnungen oder Ornamenten, Collagen und vielem mehr ausgestattet werden. „Scrapbooking" – das Basteln von Scrapbooks – hat sich zu einem Hobby entwickelt, für das es sogar spezialisierte Geschäfte gibt (vgl. Sachs 2022).

Für die Gestaltung der Lebensheft-Blätter kann sich eine Schreibgruppe zeitweilig in eine Bastelgruppe verwandeln. Das Basteln kann als Erholungspause eingesetzt werden, vor allem wenn das Schreiben mit der Hand schwerfällt. Es bildet auch einen guten Rahmen, um sich über das Geleistete zu freuen und neue Erinnerungen zu wälzen.

Anknüpfungspunkte und frische Ideen ergeben sich auch, während das Lebensheft gemeinsam vom biografischen Paar erstellt wird. Je sorgfältiger und liebevoller die biografische Partner*in mit den Aufzeichnungen umgeht, desto stärker spürt der Erzähler oder die Autorin, welchen Wert ihren Erinnerungen beigemessen wird.

Themenhefte

In einer Schreibgruppe lassen sich thematische Hefte oder Ringbuchordner gemeinsam schreiben und gestalten. Dabei kann es um Themen wie „Kochen und Essen in früherer Zeit“ gehen (Erzählblätter 17 und 56) oder um „Unsere Kinderspiele“ (Erzählblatt 01), „Feiertage gestern (und heute)“ (Erzählblätter 02 und 03), „Schulzeit“ (Erzählblätter 08 und 25), „Berufe“ (Erzählblatt 33), „Lebensweisheiten“ (Erzählblätter 31, 39 und 51) und so weiter.

Bildbände

Die Erzählblätter 09, 15 und 18 eignen sich als Ausgangspunkt für Bildbände: Die für die Erzählenden wichtigsten Fotos werden kopiert und in chronologischer Reihenfolge in einem Ringbuch oder einem Fotoalbum präsentiert. Ausführliche Bildunterschriften (wie in Erzählblatt 15) verwandeln die Bilder – deren Bedeutung sich für Außenstehende und Nachgeborene sonst weitgehend verschließt – in eine Fotodokumentation des Lebens.

Zwei *Arten von Bildunterschriften* sind möglich.

- *Erstens:* Man hält sich an die Fakten und orientiert sich an folgenden „W-Fragen“: Wer oder was ist auf dem Bild zu sehen? Wann und wo wurde das Foto gemacht? Zu welchem Anlass entstand das Foto?
- *Zweitens:* Zu jedem Foto wird eine kleine Geschichte erzählt und aufgeschrieben. „Wie ich zu meinem Hochzeitskleid kam“, „Was Kurt als Kleinkind alles von sich gab“, „Mein erster Arbeitsplatz“ und so weiter.

Bei letzterer Methode vermeidet man die oft leidigen Fragen nach (vergessenen) Daten oder Namen, der Schwerpunkt liegt nun auf der persönlichen Bedeutung der Fotografie für den jeweils Erzählenden.

Ausstellungen

Lebenshefte, Themenhefte und Bildbände haben den Vorteil, leicht mitgenommen und verwahrt werden zu können. Ausstellungen jeder Art sind dazu geeignet, das *Gespräch und den gegenseitigen Austausch* im Rahmen von Institutionen zu fördern – in Schulen, Begegnungszentren oder Senioreneinrichtungen.

In Seniorenzentren besteht die wohl einfachste Möglichkeit darin, einzelne *Erzählblätter außen an die Zimmertür* der Erzählenden und Schreibenden zu heften, in Klarsichthüllen oder großkopiert. So wird jede Tür zur Erinnerungsstation, die Neugierde der Mitbewohner wird gestillt oder geweckt, und vielleicht entsteht bei einigen der Wunsch, auch etwas an die eigene Tür zu hängen. Von Zeit zu Zeit können die Blätter ausgetauscht werden.

Sandy Forster berichtet von den *Biografietafeln* einer australischen Einrichtung: Neue Bewohner werden dort aufgefordert, eine Pinnwand mit persönlichen Fotos, Zeichnungen und kleinen Symbolen zu bestücken, die anschließend als eine Art überdimensionale Visitenkarte des Neuankömmlings im Erinnerungsraum ausgestellt wird (vgl. Osborne/Schweitzer/Trilling 2013, S. 76). Solche Tafeln ließen sich ausgehend von einem oder mehreren Erzählblättern gestalten (geeignet wären z. B. die Erzählblätter 18, 31, 33, 36, 37, 54 und 58).

Wandzeitungen entstehen, wenn sich die Erzählblätter verschiedener Autoren thematisch ergänzen und entsprechend ausgestellt werden. Neben den Themen, die auch in Heften aufgegriffen werden können, eignen sich dafür Zeitleisten (vgl. die Hinweise zu Erzählblatt 50) oder Karten (Erzählblätter 09 und 58).

Ein kleines *Alltagsmuseum* könnte mithilfe der Erzählblätter 01, 17, 38 und weiteren Ideen gestaltet werden: Nach der Arbeit mit den Erzählblättern machen sich Erzähler und Helfer auf die Suche nach passenden Exponaten. Wenn etwas gefunden wurde, wird ihm der geschriebene Texte – oder Teile davon, ein „Erinnerungsschnipsel" – als Erläuterung beigefügt. Zu anderen interessanten Exponaten früherer Zeit (Stichwort: „Verschwundene Dinge", Erzählblatt 49) werden neue Erinnerungen/Erklärungen geschrieben.

Zusammenfassung: Anerkennung

Wenn Erzählblätter auf eine der aufgeführten Arten – oder auf andere Weise – gewürdigt werden, fühlen sich Erzählende und Schreibende doppelt bestätigt: Sie stolz auf ihr Werk und zugleich auf ihr gelebtes Leben, das so zur Sprache kommt. Die Aufmerksamkeit, die ihnen entgegengebracht wird, genießen gerade solche Menschen, die aus Gesundheits- oder Altersgründen nicht mehr am Erwerbsleben beteiligt sind. Häufig leiden sie darunter, nicht „nützlich" zu sein. Doch als Erinnernde und Erzählende sind sie unersetzlich.

Mit Erzählblättern zum Lebensbuch

Als „Lebensbuch" bezeichne ich hier eine nichtliterarische Autobiografie. Für literarisch anspruchsvolle Projekte gebe ich hier keine Empfehlungen (vgl. dazu z. B. Barrington 2004; Ortheil 2014). Mit geht es um das Verfassen eines Lebensbuchs als Teil der Biografiearbeit. Es soll nicht veröffentlicht oder gar verkauft werden, sondern dem Lebensrückblick und dem Bewahren von Erinnerungen für Familie und Freunde dienen.

Die Erzählblätter helfen Schreibenden dabei, nicht abzuschweifen und den Faden zu verlieren. Ein Lebensabschnitt, ein Aspekt der eigenen Entwicklung wird herausgegriffen. Diese Beschränkung ermöglicht Konzentration und teilt die große Aufgabe eines Lebensrückblicks in Einzelschritte ein, die sich jeweils gut bewältigen lassen.

Eine schöne Erfahrung ist es, wie der Ehrgeiz mancher Erzähler*innen oder ihrer biografischen Partner*innen wächst, je länger sie sich mit dem Schreiben beschäftigen. Die anfänglichen Beschränkungen, die sie zunächst erleichtert hatten, werden ihnen nun lästig: „Warum ist diese Frage so gestellt und nicht anders?", „Warum gibt es kein Erzählblatt zum Thema …?"

Vielleicht werden auch die Illustrationen und Fragen der Erzählblätter als störend empfunden. Es sind eben nicht die eigenen – und können es nicht sein. Als Fragen „von außen" unterbrechen sie den Fluss der Erzählung. Wer die Impulse der Erzählblätter zunehmend als fremd wahrnimmt, sollte sie weglegen und durch etwas Eigenes ersetzen: eigene Fragen, eigene Bilder. Dann ist die Zeit gekommen, sich an der größeren Aufgabe zu versuchen: der einheitlichen Darstellung des gelebten Lebens, einer Autobiografie oder eines Lebensbuchs.

Im Folgenden gebe ich einige Tipps und Hinweise, wie diese größere Aufgabe bewältigt werden kann. Dabei wende ich mich an Sie als Erzählende*n und Schreibende*n oder als Partner*in im biografischen Prozess.

An Übergängen orientieren

Wenn Sie die Erzählblätter 41 bis 48 ausführlich bearbeitet haben, wissen Sie um die wesentlichen Übergänge in Ihrem Leben, die entscheidenden Tage und Wendepunkte, die den Lauf Ihres „Lebensflusses" bestimmten und ihm eine neu, vielleicht überraschende Richtung gaben. Weil die Übergänge Ihr Leben in ein „Vorher" und „Nachher" gliedern, kann sich auch die Gliederung des Lebensbuchs an ihnen orientieren.

Viele Lebensübergänge sind „normal" – doch jeder erlebt und erinnert sie auf eigene Weise. Für die allermeisten Menschen ist der Beginn des beruflichen Lebens ein solcher Übergang, die Heirat, Geburten und Todesfälle in der Familie, der Eintritt ins Rentenalter usw. Es geht also nicht um Originalität. Die Einteilung des Lebensbuchs in „Kindheit und Jugend", „vor dem Eintritt ins Berufsleben" und „mittlere Jahre" ist häufig ebenso einfach wie sinnvoll. Die „mittleren Jahre" gliedern sich weiter in eine Zeit vor der Familiengründung und danach, nach den Wohnorten und beruflichen Veränderungen.

Je mehr es ins Einzelne geht, desto unterschiedlicher erscheinen die Lebenswege – und umso interessanter werden sie für Dritte.

Erfahrungen von Fremdbestimmung prägen viele Lebenswege auf schmerzliche Art – in Deutschland sind noch die Kriegskinder der Jahrgänge 1930 bis 1945 und die Leidtragenden der deutschen Teilung, deren Lebensübergänge vom Weltgeschehen bestimmt wurden (vgl. unter anderem Bode 2013; Poppe/Poppe 2021). Auch viele Migrant*innen stammen aus Kriegsgebieten, sind vor tödlichen Gefahren geflohen, mussten liebe Angehörige zurücklassen. Ihre Geschichten bleiben unverständlich, solange die Umstände ihrer Herkunft im Dunkeln bleiben.

Die meisten Menschen erlebten auch ganz individuelle Wendepunkte. Oft stehen sie in Zusammenhang mit einem Lebensthema (Erzählblätter 31 bis 40): Der frühe Tod eines Elternteils kann ein solcher Wendepunkt sein, die schwierige Loslösung vom Elternhaus, die Entscheidung für einen und gegen einen anderen Lebenspartner, große Erfolge oder Enttäuschungen.

Die Erstellung einer Gliederung oder eines Inhaltsverzeichnisses für Ihr Lebensbuch anhand der Übergänge und Wendepunkte, der ersten und letzten Tage des jeweiligen Lebensabschnitts ist ein guter Ausgangspunkt. Doch er muss nicht gleich perfekt sein: Sie können die Gliederung jederzeit korrigieren, wenn sich die Gewichte während des Schreibens verschieben. Die endgültigen Überschriften und den Titel Ihrer Aufzeichnungen formulieren Sie am besten erst am Ende. Zu Beginn sind alle nur Arbeitstitel.

Erzählblätter zusammenstellen und fortschreiben

Ordnen Sie in einem zweiten Schritt die bereits entstandenen Erzählblätter so an, wie es Ihre Gliederung vorsieht. Zur Korrektur oder Überarbeitung ist es jetzt noch zu früh. Schreiben Sie zuerst die fehlenden Episoden (oder lassen Sie sich entsprechend befragen). Erzählen Sie die entscheidenden Tage und Geschichten besonders ausführlich und detailreich, die Zeiten dazwischen können Sie knapp zusammenfassen. Dabei kommt Ihnen die Funktionsweise des Gedächtnisses entgegen, das ebenfalls lange Zeiträume zusammenfasst, wenn nichts Entscheidendes geschieht.

Wenn Sie den Großteil des Textes fertiggestellt haben – oder zwischendurch als Inspiration –, können Sie Bilder ergänzen. Beschriften Sie sie ausführlich. In den Bildunterschriften lassen sich kleinere Geschichten, Anekdoten oder Themen unterbringen, die in der Gliederung keinen Platz fanden (vgl. die Hinweise zu Bildbänden im letzten Kapitel).

Überarbeiten und korrigieren

Zuletzt – nur so wird es ein richtiges Buch – müssen Sie sich Ihren Text noch einmal von Anfang bis Ende vornehmen und ihn überarbeiten. Sie stellen Überleitungen zwischen den ursprünglich getrennt geschriebenen Teilen her und beseitigen Doppelungen und Unstimmigkeiten. Zum Beispiel könnte es vorkommen, dass dieselbe Person zweimal vorgestellt wird, weil die entsprechenden Stellen ursprünglich getrennt geschrieben wurden. Oder sie berichten von einem Geburtstagsfest im neuen Haus, das Sie – der Erzählung nach – noch gar nicht bezogen haben.

Das Thema „Überarbeiten“ ist unter Autoren von Lebenserinnerungen recht unbeliebt. Selten wird es als Chance gesehen, dem eigenen Text (und Leben) mit größerer Distanz zu begegnen. Stattdessen wird die Überarbeitung oft – zu Unrecht – als Verfälschung der eigenen Stimme verstanden. Hier ist nicht der Ort, genauer auf die Gründe für dieses Unbehagen einzugehen. Wenn es in Ihrem Fall zu groß ist, sollten Sie die Überarbeitung Ihrem biografischen Partner oder einer anderen vertrauenswürdigen und kompetenten Person überlassen.

Lohnt sich dieser Aufwand? Macht ein Lebensbuch nicht zu viel Mühe, für Sie als Erzähler, als Schreibende oder biografische Helfer*in? Unter Umständen müssen Sie erheblichen Aufwand betreiben, um das Lebensbuch in seine endgültige Form zu bringen, es zu überarbeiten (lektorieren) oder computer- und druckgerecht umzusetzen. Ob es sich lohnt, hängt davon ab, ob es Ihnen Freude macht und welchen Wert Sie oder Ihre Familie und Freunde dem Lebensbuch beimessen. Würde es Sie freuen und bestätigen, Autor*in Ihrer Lebenserinnerungen zu sein? Könnten Sie sich vorstellen, daraus vorzulesen und es in einer schönen und gepflegten Ausgabe zu verschenken? Oder passt das nicht zu Ihnen – warum eigentlich nicht?

Ein Lebensbuch in der Demenz

Prof. Annegret Reese-Schnitker – eine Studienfreundin meiner Frau – hatte viele Erinnerungen ihrer Eltern aufzeichnen und verschriftlichen lassen. Doch es gab noch Lücken: Im Gespräch mit ihrer Mutter, Marga Reese, waren die schweren Kriegsjahre nur kurz zur Sprache gekommen. Es gab Verzögerungen, dann wurde zunächst das väterliche Lebensbuch fertiggestellt. Als es schließlich so weit war, die Lebensgeschichte der Mutter zu vervollständigen, zeigte diese bereits Symptome einer demenziellen Erkrankung.

Wäre es möglich, jetzt noch ein Interview zu führen, um die Lücken zu füllen? Wir waren uns nicht sicher, doch schließlich fuhr ich los, um Annegret dabei zu unterstützen. Würde Frau Reese mir – den sie außer auf der Hochzeit ihrer Tochter noch nie gesehen hatte – ihre Erinnerungen anvertrauen?

Als ich ankam, sah es zunächst nicht danach aus. Sie war in Gedanken mit ihrem Enkelkind beschäftigt und hatte vergessen, weshalb ich gekommen war. Immerhin war sie freundlich bereit, sich zu uns zu setzten, um unser Vorhaben zu unterstützen. Ich schaltete mein Aufnahmegerät ein und überließ zunächst Annegret das Wort. Nach und nach näherten wir uns der fraglichen Zeit. Nach der Mittagspause sprach ich allein mit Marga Reese, inzwischen schien sie sich aufs Erinnern eingestellt zu haben. Was sie vormittags erzählt hatte, wusste sie zwar nicht mehr, doch sie erzählte jetzt ausführlicher. Wenn es ihr zu anstrengend wurde, über Krieg und Angst zu sprechen, kehrte sie zu ihrer Lieblingsszene zurück: Ein Spaziergang im Internat, täglich die gleiche Strecke, der sich mit einem Reim beschreiben ließ: „Petristraße, Wasserfall/Ochsenwiese, Gänsestall" – mit dem „Gänsestall" war die Unterkunft der Internatsschülerinnen gemeint.

Ihre Art, sich zu erinnern, beschrieb Marga Reese selbst am besten: „So ist ein ganzes Leben! Man wird auch alt und vergisst vieles. Es kommt dann immer nur so sprunghaft in den Kopf rein, nicht so fortlaufend."

Mithilfe früherer Aufzeichnungen und etwas Recherche gelang es mir dennoch, die einzelnen Szenen zu einer fortlaufenden Erzählung zu verknüpfen.

Das lohnte sich nicht allein für unsere Freundin Annegret und den Rest der Familie, sondern auch für die Erzählerin selbst. Die frühere Lehrerin und Viellese-rin Marga Reese legte sich ihr Lebensbuch häufig in den Schoß, las einige Stellen, und wenn sie hinten angekommen war, begann sie wieder von vorne. Sie konnte sich nicht mehr „fortlaufend" erinnern, aber das Buch half ihr dabei, ein Gefühl für ihre Vergangenheit zu bewahren: „So ist ein ganzes Leben!"

Zusammenfassung: Schritte zu einem Lebensbuch

1. Bearbeiten Sie möglichst viele Erzählblätter ausführlich, vor allem die „Übergänge" (Erzählblätter 41 bis 50).
2. Erstellen Sie eine chronologische Gliederung, die sich an den Übergängen orientiert.
3. Ordnen Sie die Erzählblätter entsprechend der Gliederung an.
4. Erzählen Sie schreibend, was in den übrigen Abschnitten Ihres Lebens passierte, die in der Gliederung erwähnt sind.
5. Ergänzen Sie Bilder, jeweils mit ausführlichen Bildunterschriften.
6. Überarbeiten Sie den gesamten Text, von vorne bis hinten, wobei Sie die Fragen der Erzählblätter entfernen und die Übergänge zwischen den Teilen glätten.
7. Entscheiden Sie sich zuletzt für die endgültigen Überschriften, legen Sie den Titel Ihres Lebensbuches fest und schreiben Sie ein Vorwort.

Erzähl- und Schreibprojekte

Zuletzt möchte ich einige bemerkenswerte Erzähl- und Schreibprojekte vorstellen, die in den letzten Jahren durchgeführt wurden. Sie werfen Schlaglichter auf die unausgeschöpften Möglichkeiten des lebensgeschichtlichen Erzählens und Schreibens, und auf die Idee des biografischen Paars.

Der Erzählsalon nach Katrin Rohnstock

Ein Erzähl*salon* ist eine ebenso einfache wie ergiebige Veranstaltungsform: Etwa zehn Teilnehmer*innen – je nach Alter und Umständen sind es mehr oder weniger – sitzen im Kreis und jeder erzählt eine Geschichte zu einem vorher festgelegten Thema, keine erfundene, sondern eine selbst erlebte, biografische Geschichte. Niemand sollte zu lange sprechen, damit alle zum Zug kommen. Wer gerade erzählt, darf nicht unterbrochen werden. Dafür sorgt eine Salonnière oder ein Salonnier.

Viele Erzähl*cafés* verlegen das Erzählen auf ein Podium oder sie überlassen die Redebeiträge dem Zufall. Wenn beispielsweise ein dörfliches Heimatmuseum zum Erzählcafé „Wie früher eingekauft *wurde*“ einlädt, findet ein ehemaliger Ladenbesitzer sicher mehr Gehör als andere, für dieses Thema ist er schließlich Experte. Die unpersönlich-passive Formulierung mit „wurde“ ist übrigens nicht erfunden, sondern entstammt einem realen Beispiel.

Die Themen von Erzählsalons sind dagegen so gewählt, dass jeder in der Runde etwas Gleichwertiges beitragen kann – ihre Formulierung ähnelt denen der Erzählblätter 04 „Wenn *ich* Geburtstag hatte“, 09 „Eine unvergessliche Reise“, 23 „Wie *ich* meinen Mann/meine Frau kennenlernte“ oder 45 „Wie *ich* eine Niederlage überwand“. Das ist kein Zufall. Die Formulierungen sind von einer Erzählsalon-Fortbildung bei Rohnstock-Biografien inspiriert.

Der Ablauf eines Erzählsalons ist besonders gut dafür geeignet, das Geschichtenerzählen zu fördern – das Erzählen in abgeschlossenen Einheiten, die ein Erlebnis, ein Thema in den Mittelpunkt stellen. Woran liegt das?

Erstens hören alle, die erzählen, auch die Geschichten der anderen Teilnehmer. Wer sich unsicher ist, wie er seine Erinnerung „zum Besten geben“ könnte, wartet ein Weilchen ab, und passt auf, wie es die anderen machen. Wer im Erzählen ungeübt ist, wird außerdem darauf achten, wie ihr erster oder zweiter Versuch bei den übrigen Teilnehmer*innen angekommen ist. Auf diese Weise wird die Person lernen, sich kürzer zu fassen oder umgekehrt mehr Details einzufügen, als sie bislang gewohnt war.

Zweitens führt die begrenzte Öffentlichkeit eines Erzählsalons gerade zur richtigen Art von Anspannung: Jeder strengt sich an, um eine „gute" Geschichte zu erzählen. Doch steigert sich die Aufregung dabei nicht zu sehr, sodass auch keine Blockaden entstehen. Denn intuitiv wissen alle Teilnehmer*innen, dass sie mit dem Wohlwollen der anderen rechnen können. Alle befinden sich schließlich in derselben Situation.

Wer sich einige Geschichten anhören möchte, die bei Erzählsalons frei erzählt wurden, findet auf dem YouTube-Kanal von Rohnstock-Biografien reichlich Beispiele: *www.youtube.com/@RohnstockBiografien* (zuletzt eingesehen am 16.11.2022).

Ursprünglich entwickelte Katrin Rohnstock das Format des Erzählsalons, um auch denjenigen Menschen eine Plattform bieten zu können, die es sich nicht leisten können oder wollen, ihre Lebensgeschichte aufschreiben zu lassen – denn das ist ihr eigentliches Metier als Inhaberin von Rohnstock-Biografien. Erstaunlich ist, dass das konzentrierte Geschichtenerzählen in der Runde auch dort funktioniert, wo man selten von „Salons" spricht: in Gemeindehäusern und Seniorenzentrum, sogar mit Pflegebedürftigen und Demenzkranken.

Einmal, so erzählte Rohnstock, schob eine Pflegerin zwei alte Herren in die Runde und sagte: „Die brauchen Sie nicht zu beachten. Da kommt schon seit Jahren nichts mehr." Das Thema lautete „Wie ich meine erste Arbeit fand". Doch als der erste der beiden Herren an die Reihe kam, hatte er genug gehört, um zu verstehen, worauf es ankam. Er begann – zunächst zögerlich, stockend, dann immer flüssiger – von seiner Laborarbeit zu erzählen, von Dienstreisen, und dann vom Krieg, eine dramatischen Szene. Er strengte sich an, erschöpfte sich, doch auf eine fruchtbare Weise. Und dann der zweite – auch dieser sprach so viel, wie seit Jahren nicht mehr. Die Pflegedienstleiterin war zugleich schockiert und begeistert.

„Im Erzählsalon gibt es keine Unterschiede zwischen Demenzkranken und nicht Demenzkranken", sagte Rohnstock. „Man erkennt sie nicht einmal, weil sie genauso aus ihren Erinnerungen schöpfen können und mit den anderen gleichgestellt sind. Das heißt, sie erleben sich dabei als gleichwertige Mitglieder der Gemeinschaft. Das gibt ihnen Selbstbewusstsein, baut sie auf, macht sie fröhlich und ihr Leben lebenswert. Deshalb bilden wir Salonnièren aus und möchten mit Altenverbänden, Krankenhäusern, Nachbarschaftsheimen zusammenarbeiten" (Ottow 2012; das Beispiel der beiden angeblich stummen Herren stammt aus einem unveröffentlichten Manuskript von Katrin Rohnstock).

Inzwischen werden Erzählsalons verstärkt in sozialpolitischen Projekten eingesetzt, also überall da, wo verschiedene soziale Gruppen – Alt und Jung, Ost und West, Einheimische und Zugezogene – ins Gespräch kommen sollen (vgl. *www.rohnstock-biografien.de/erzaehlprojekte,* zuletzt eingesehen am 16.11.2022).

Kreative Arbeit mit Demenzkranken

John Killick, ein schottischer Lyriker und Journalist, befasst sich seit Jahren mit den Lebensgeschichten und den kreativen Möglichkeiten von Demenzkranken (vgl. Killick/Craig 2013).

Ein Teil von Killicks Arbeit besteht darin, Demenzkranken zuzuhören und ihre Worte, ihre besondere Art zu sprechen aufzuzeichnen. In seiner Bearbeitung werden (moderne) Gedichte und Geschichten daraus, die für die jeweiligen Erzähler besonders charakteristisch sind und ein Teil ihres Wesens einfangen. So fungiert er als biografischer Partner.

In einem Interview für die BBC beschrieb Killick, wie er vorgeht (meine Übersetzung): „Also die Menschen sagten Dinge wie diese zu mir [poetische, metaphorische Aussprüche, S. K.] und entweder notierte ich sie oder nahm sie mit dem Tonband auf, dann brachte ich sie ihnen wieder zurück, zeigte ihnen das Gedicht oder das Stück Prosa, um es autorisieren zu lassen. Sie sollten bestätigen, dass es ihre Worte waren – oft nicht leicht, weil sie sich eben nicht erinnern konnten. Aber viele fanden das wunderbar, was ich ihnen zeigte. Und dass ihr Name dabeistand, war für sie erstaunlich. Ich zeigte es dann auch ihren Angehörigen und der Belegschaft, und wenn es etwas sehr Besonderes war, bat ich um die Erlaubnis, es veröffentlichen zu dürfen. Es waren immer die Worte der demenziell Erkrankten, niemals meine Worte. Zu einer dementen Dame, mit der ich ein Gedicht geschrieben hatte, sagte ich: ‚Wissen Sie, dass ich auch ein Dichter bin?‘ Doch sie sagte: ‚Nein, Sie sind mein Lektor!‘ Und das stimmt, ich bin der Lektor dieser Texte. Das ist eine hohe Verantwortung […]. Soweit die Sprache überhaupt reicht, sage ich: Schätzt es wert, was die Menschen sagen, die ihr liebt, schreibt es auf, verwendet ein Diktiergerät, bestärkt sie, wenn sie interessante oder schöne Dinge sagen, denn es ist doch ihre Persönlichkeit, die sich hier in einer neuen Art zeigt“ (das Original-Interview findet sich unter *www.bbc.co.uk/radio4/youandyours/transcript_2005_46_fri_02.shtml,* zuletzt eingesehen am 16.11.2022).

Generationen-Interviews

In den letzten Jahrzehnten verlagerte sich ein Teil des Lebens der Menschen vom familiären Umfeld in soziale Einrichtungen. In der ehemaligen DDR und in den Städten geschah das früher als auf dem Land und im Westen, doch inzwischen hat die Entwicklung alle erreicht. Kinderkrippen und Ganztagsschulen am Beginn des Lebens, Seniorenzentren am Ende. Enkel und Großeltern haben oft nicht genug Zeit, um sich gründlicher kennenzulernen: Die Älteren finden keine Gelegenheit, ihre Erfahrungen weiterzugeben, den Jüngeren fehlen Orientierungspunkte jenseits oft sehr besorgter Eltern und gängiger Erfolgsmaßstäbe.

Darum ist es sinnvoll, wenn Einrichtungen zusammenarbeiten, um Enkel- und Großelterngenerationen ins Gespräch zu bringen. Ein Beispiel von vielen fand ich in unserer Regionalzeitung (Idsteiner Zeitung vom 05.06.2013): Schüler*innen einer achten Klasse konnten das Projekt „Generationsdialog“ wählen. Sie lernten zunächst ein Seniorenstift kennen und porträtierten – nicht schriftlich, sondern mit dem Zeichenstift – einige Bewohner*innen. In einem zweiten Schritt besprachen sie im Unterricht mögliche Einstiegsfragen, die ihnen bei einem Interview helfen konnten. Das Interview führten sie dann jeweils zu dritt. Die Sprache kam gleichermaßen auf Weltpolitisches – den Zweiten Weltkrieg – wie auf Alltägliches. „Wir mussten am Ende alle sagen, dass wir gerne noch länger miteinander geredet hätten“, gab ein 14-Jähriger zu Protokoll.

Wohl aus Zeitmangel verzichteten die Schüler*innen in diesem Beispiel darauf, die Interviews schriftlich zu dokumentieren oder auszuwerten. Gerade darin läge jedoch eine besondere Chance für beide Seiten: Die Erinnerungen der älteren Menschen würden in Berichten oder Geschichten bewahrt und in besonderer Weise gewürdigt. Und der Deutschunterricht der Schüler – das Schreiben von Aufsätzen – würde sich verändern: Das Schreiben von wahren Lebensgeschichten ist keine Trockenübung, sondern eine praktische Aufgabe, deren Sinn unmittelbar einsichtig wird. In der gegenwärtigen Schreiberziehung werden gerade solche Aufgaben gesucht. Die entsprechenden Stichworte lauten „Integrative Schreibdidaktik“ oder auch „Funktionales Schreiben“. Statt einfach Aufsätze schreiben zu lassen und sie nach „schulischen“ Kriterien zu beurteilen, bringt man die Schüler in Situationen, in denen das Schreiben als nützlich erlebt werden kann. Die Erzählblätter könnten auch hier Einstiegshilfen bieten.

Die Lebensbeschreiberin im Seniorenzentrum

Marie-Luise Budzinski hatte mit beinahe 80 Jahren und etwas gehbehindert den Weg von Wiesbaden nach Limburg auf sich genommen, um an unserem Seminar teilzunehmen. In der Vorstellungsrunde erzählte sie gleich, dass es ihr nicht um das eigene Leben ginge: Sie schreibe nun schon einige Zeit die Lebensgeschichten ihrer Mitbewohner*innen im Seniorenzentrum auf. Dafür könne sie noch ein paar Tipps gebrauchen.

Das Schreiben über andere war eigentlich nicht unser Thema. Doch Frau Budzinski entpuppte sich als fröhliche und wache Teilnehmerin. Sie nahm meine Anregungen auf, schrieb natürlich auch von sich, und wenn gelesen wurde, hörte sie so aufmerksam zu, wie es sich die anderen Teilnehmer nur wünschen konnten. Ihre positive Einstellung gegenüber ihrem eigenen – nicht immer leichten – Leben und dem ihrer Mitmenschen beeindruckte mich. Es stellte sich heraus, dass sie mir mindestens so viel beibrachte wie ich ihr.

Frau Budzinski hatte Sozialarbeit studiert und in der Familien- und Krankenhausfürsorge gearbeitet. Als sie selbst in ein Seniorenzentrum zog, entging ihrem geübten Auge nicht die Not ihrer Mitbewohner: Deren gelebtem Leben wurde zu wenig Aufmerksamkeit entgegengebracht. Sie beschloss, etwas dagegen zu tun, lud den einen und die andere auf ihr Sofa ein und ließ sich ihre Lebensgeschichten erzählen. Anschließend setzte sie sich an ihre Schreibmaschine und schrieb das Gehörte auf, um es in der Hauszeitung zu veröffentlichen. Wie gut sie das kann, merkte sie erst beim Ausprobieren. Im Laufe der Zeit kamen nicht wenige Lebensgeschichten zusammen, etwa vier pro Jahr. Außerdem erschienen zwei Zeitungsartikel über ihr Engagement – offenbar eine Ausnahme. Einer dieser Artikel trägt den Titel „Die Lebensbeschreiberin“ – die deutsche Übersetzung von „Biografin“ (vgl. Helsper 2019). Darin heißt es: „Eines eint alle Menschen, mit denen Budzinski gesprochen hat: ‚Sie haben nie den Mut verloren und sich trotz aller Schicksalsschläge immer wieder etwas aufgebaut‘. Auch, wenn sie selbst erst einmal meinen, ihr Leben sei nichts Besonderes: ‚Sie sind einmalig, ihr Leben ist nicht übertragbar‘, findet Marie-Luise Budzinski [...].

Auch [ihr] eigenes Leben ist durch den Krieg geprägt worden. Flucht und Kinderlandverschickung, später hungerte ihre Mutter, damit die Tochter ihren Beruf erlernen kann. Marie-Luise Budzinski [...] arbeitete zuletzt 17 Jahre lang im Sozialdienst eines Krankenhauses. Auch das Schlechte in ihrem Leben möchte sie nicht missen: ‚Sonst wäre ich nicht die, die ich bin. Auch das hat mich geprägt‘“.

Ob Marie-Luise Budzinski so versöhnt auf ihr eigenes Leben zurückblicken kann, weil sie die Fähigkeit hat, anderen zuzuhören? Oder hilft ihr die Einfühlung in andere, die eigene Situation besser anzunehmen, und gibt ihr den Mut, auch im Alter noch etwas Neues auszuprobieren? Wie Ursache und Wirkung verteilt liegen, lässt sich nicht klären. Doch sicherlich gibt es einen Zusammenhang.

An den drei Seminartagen, an denen Budzinski teilnahm, ging es um Themen wie die Arbeit mit Ideen-Trauben („Clustering“), den Spannungsbogen, oder um Tipps für einen farbigen, anschaulichen Schreibstil. Einmal gab sie mir zu verstehen, dass ich es mit meiner Begeisterung für bestimmte Formulierungen und das Vermeiden von Füllwörtern etwas übertrieben habe. Zu viele Regeln würden ihr den Mut zum Schreiben neben. Worum es am Ende geht, ist doch nicht die beste Formulierung, sondern darum, die Menschen mit ihren eigenen Geschichten zu würdigen. Wem es damit ernst ist, der erreicht etwas mit seinem Schreiben. Das habe ich von Frau Budzinski gelernt.

Biograf*in werden

Die Idee von Marie-Luise Budzinski, kurze Lebensbeschreibungen von Mitbewohner*innen zu verfassen und in einer Heimzeitschrift zu veröffentlichen, ist zugleich einfach und sehr wirksam. Das Engagement von Biograf*innen im Seniorenzentrum bringt Vorteile für alle Beteiligten:

- Das Erzählbedürfnis der Bewohner*innen wird aufgegriffen, ihrer Lebensgeschichte wird das gebührende Interesse entgegengebracht – und das mindestens zweimal: während des Interviews und durch die Veröffentlichung. Nachdem die Heimzeitschrift oder etwas Ähnliches erschienen ist, können sich weitere Gespräche ergeben.
- Die „Lebensbeschreiberin“ oder der Biograf hat stets einen Grund, neue Kontakte zu knüpfen, seine Neugierde oder ihr Bedürfnis, zu helfen, wird befriedigt. Er oder sie entdeckt womöglich – wie Marie-Luise Budzinski – im Schreiben eine neue Fähigkeit und herausfordernde Beschäftigung.
- Unbeteiligte Mitwohner lesen in der Heimzeitschrift vom Leben der anderen, sie können Gemeinsamkeiten und Anknüpfungspunkte entdecken, ihre Umgebung wird menschlicher.
- Pflegekräfte, Mitarbeiter im Sozialdienst und Ehrenamtliche können auf die Veröffentlichung zurückgreifen und ebenfalls neue Anknüpfungspunkte finden: besondere Interessen, Fähigkeiten, Kenntnisse.
- Die Lebensgeschichte wird in Ansätzen dokumentiert.

Die Erzählblätter erleichtern es, Marie-Luise Budzinskis Beispiel zu folgen. Sie geben ein Thema und eine Form vor, sodass ein Lebensbeschreiber oder eine Biografin nicht gleich den gesamten Lebenslauf aufschreiben muss. Auch weniger ist vorzeigbar und kann veröffentlicht werden. Jeder Biograf kann selbst entscheiden, wie nah er mit seinen Fragen und dem fertigen Text an der Vorlage bleibt. Die Blätter 15, 18, 31, 33, 35, 36, 37, 41, 42 und 58 eignen sich besonders dafür. Sie können das lebendige Gespräch zwischen Mitbewohner und Biograf*in anstoßen, sollten es jedoch nicht beschränken. Wenn der Erzähler also das Thema wechselt: kein Problem! Wenn die Erzählerin aber Geschichten erzählt, die sie nicht veröffentlicht sehen möchte, sollte auch dieser Wunsch respektiert werden. Das Erzählen hat seinen eigenen Wert.

Ein weiteres mögliches Praxisfeld für ehrenamtliche Biografinnen oder Lebensbeschreiber liegt in der Flüchtlingshilfe. Das Erzählen, Zuhören und Aufschreiben fördert das gegenseitige Verständnis und damit die Integration. Ein Teilnehmer meiner Schreibseminare, Herbert Schuld, war von der Lebensgeschichte des ehemaligen Flüchtlings Kazem Al Bayati derart beeindruckt, dass er ihr ein ganzes Buch widmete (vgl. Schuld 2022).

Literatur

Abt, Stephan M. (2013): Reminiszenzgruppen mit Hochaltrigen. Anthropologische Grundlagen – salutogene Potentiale. Stuttgart: Kohlhammer.

Auer, Hansjörg/Hirtler-Rieger, Gesine/Ramsauer, Erika/Ruhland, Silvia (Hrsg.) (2020): 77 Impulse und Methoden Biografiearbeit. Mutmacher für ein Leben in Vielfalt und Wertschätzung. Weinheim, Basel: Beltz Juventa.

Barrington, Judith (2004): Erinnerungen und Autobiografie schreiben. Berlin: Autorenhaus.

Behnke, Andrea (2014): Mein Leben als Torte. Anleitung zum autobiografischen Schreiben. München: Don Bosco Medien.

Bode, Sabine (2013): Die vergessene Generation: Die Kriegskinder brechen ihr Schweigen. Stuttgart: Klett-Cotta.

Borg, Mary (1989): Writing your Life. An Easy-to-Follow Guide to Writing an Autobiography. Fort Collins, Colorado: Cottonwood Press.

Cohen, Gene D. (2009): Geistige Fitness im Alter. So bleiben sie vital und kreativ. München: dtv.

Dellmann, Sylvia/Kaya, Teresa A. K./Ramsauer, Erika (2022): Praxishandbuch Biografiearbeit Online. Lebensgeschichten digital begegnen. Weinheim, Basel: Beltz Juventa.

Dörrie, Doris (2019): Leben, schreiben, atmen. Zürich: Diogenes.

Draaisma, Douwe (2009): Die Heimwehfabrik. Wie das Gedächtnis im Alter funktioniert. Köln: Kiepenheuer & Witsch.

Dröscher, Daniela (2018): Zeige deine Klasse. Die Geschichte meiner sozialen Herkunft. Hamburg: Hoffmann und Campe.

Eichenberg, Ariane/Gudehus, Christian/Welzer, Harald (Hrsg.) (2010): Gedächtnis und Erinnerung: Ein interdisziplinäres Handbuch, Stuttgart: Metzler.

Ende, Michael (1988): Momo, oder, die seltsame Geschichte von den Zeit-Dieben und von dem Kind, das den Menschen die gestohlene Zeit zurückbrachte. Ein Märchen-Roman. München: DTV. Quelle: https://beruhmte-zitate.de/werk/momo-3848/

Erikson, Erik H. (1966): Identität und Lebenszyklus. Drei Aufsätze. Übersetzt von Käte Hügel. Frankfurt am Main: Suhrkamp.

Ernst, Lina (2004): „Meine Kindheit in den 30er-Jahren", in: Lebenslinien. Erlebt – erinnert – uffgeschribbe! Herausgegeben und verlegt vom Förderverein 800 Jahre Oberjosbach e. V., Niedernhausen-Oberjosbach.

Frisch, Max (1992): Fragebogen. Frankfurt am Main: Suhrkamp.

Frölich, Michaela/Hedtmann, Barbara (2013): Biografiearbeit mit Glaubensschätzen. Anleitung für kreative Senioren- und Konfirmandenstunden. Göttingen: Vandenhoeck & Ruprecht.

Haarer, Johanna (1961): Die Mutter und ihr erstes Kind. München: Carl Gerber.

Heimes, Silke (2012): Warum Schreiben hilft. Die Wirksamkeitsnachweise zur Poesietherapie. Göttingen: Vandenhoeck & Ruprecht.

Helsper, Stefanie (2019): Die Lebensbeschreiberin, in: Frankfurter Rundschau online, erstellt 11.01.2011, aktualisiert am 22.01.2019, www.fr.de/rhein-main/wiesbaden/lebensbeschreiberin-11410030.html (zuletzt eingesehen am 16.11.2022).

Hölzl, Susanne (2020): „Ein Lebensbuch als Trauerhilfe", in: Auer, Hansjörg/Hirtler-Rieger, Gesine/Ramsauer, Erika/Ruhland, Silvia (Hrsg.) (2020): 77 Impulse und Methoden Biografiearbeit. Mutmacher für ein Leben in Vielfalt und Wertschätzung. Weinheim, Basel: Beltz Juventa, S. 167–168.

Hölzle, Christina/Jansen, Irma (Hrsg.) (2011): Ressourcen orientierte Biografiearbeit. Grundlagen – Zielgruppen – kreative Methoden. 2. Auflage. Wiesbaden: VS Verlag für Sozialwissenschaften.

Hüsch, Hanns Dieter (1994): Auszug aus dem Text „Anteilnahme", in: Hüsch, Hanns Dieter (Hrsg.): Ein gütiges Machtwort. Düsseldorf: tvd, S. 164 ff.

Jettenberger, Marion (2013): Lebens-, Sterbe- und Trauerbegleitung im Pflegealltag. Den Tagen mehr Leben geben. Ein Praxisratgeber. Mühlheim an der Ruhr: Verlag an der Ruhr.

Kappner, Stefan/Wohn, Anneliese (Hrsg.) (2014): So feierten wir damals. Erlebte Geschichten durch das Jahr. Limburg: Lahn.
Kast, Verena (2008): Konflikte anders sehen. Die eigenen Lebensthemen entdecken. Freiburg im Breisgau: Herder.
Kast, Verena (2010): Was wirklich zählt, ist das gelebte Leben. Die Kraft des Lebensrückblicks. Freiburg im Breisgau: Kreuz.
Ketteler, Philipp (2020): Deine Löffelliste – Finde heraus, was Dir im Leben wirklich wichtig ist. Korschenbroich: Selbstverlag Philipp Ketteler.
Knef, Hildegard (2009): Der geschenkte Gaul. Bericht aus einem Leben. Neuausgabe. Berlin: Ullstein Taschenbuchverlag.
Killick, John/Craig, Claire (2013): Kreativität und Kommunikation bei Menschen mit Demenz. Bern: Huber.
Klingenberger, Hubert (2015): Biografiearbeit in der Seelsorge. Anlässe, Übungen, Impulse. München: Don Bosco Medien GmbH.
Lindmeier, Bettina/Stahlhut, Hanna/Oermann, Lisa/Kammann, Cornelia (2018): Biografiearbeit mit einem Lebensbuch. Ein Praxisbuch für die Arbeit mit erwachsenen Menschen mit einer kognitiven Beeinträchtigung und ihren Familien. Weinheim, Basel: Beltz Juventa.
Mardorf, Elisabeth (2008): Spaziergang durch das Leben. Ein biografisches Schreib- und Tagebuch. Norderstedt: BoD.
Medizinischer Dienst Bund (2022): Maßstäbe und Grundsätze für die Qualität, die Qualitätssicherung und -darstellung sowie für die Entwicklung eines einrichtungsinternen Qualitätsmanagements nach § 113 SGB XI in der vollstationären Pflege vom 23.11.2018, zuletzt geändert am 17.06.2022; https://md-bund.de/fileadmin/dokumente/Publikationen/SPV/Expertenstandards_113/20220630_MuG_stationaer.pdf (zuletzt eingesehen am 21.11.2022)
Müller-Münch, Ingrid (2012): Die geprügelte Generation. Kochlöffel, Rohrstock und die Folgen. Stuttgart: Klett-Cotta.
Nickel, Verena/Nordmann, Ina (Hrsg.) (2018): 100 Frauen schreiben Briefe an das Leben. Norderstedt: BoD.
Ortheil, Hanns-Josef (2014): Schreiben über mich selbst: Spielformen des autobiografischen Schreibens. Mannheim: Duden.
Osborne, Caroline/Schweitzer, Pam/Trilling, Angelika (2013): Erinnern. Eine Anleitung zur Biografiearbeit mit älteren Menschen. 2. Auflage. Freiburg im Breisgau: Lambertus.
Silvia Ottow (2012): Erzählen als Therapie, in: neues deutschland, 25.02.2012.
Poppe, Grit/Poppe, Niklas (2021): Die Weggesperrten: Umerziehung in der DDR – Schicksale von Kindern und Jugendlichen. 2. Edition. Berlin: Propyläen
Rogge, Jan-Uwe (1993): Kinder brauchen Grenzen. Reinbek bei Hamburg: Rowohlt.
Rosien, Peter (Hrsg.) (1999): Mein Credo. Persönliche Glaubensbekenntnisse, Kommentare und Informationen. Oberursel: Publik-Forum-Verlagsgesellschaft.
Ryan, Tony/Walker, Roger (2003): Wo gehöre ich hin? Biografiearbeit mit Kindern und Jugendlichen. 2., erweiterte Auflage. Weinheim, München: Juventa.
Sachs, Julia (2022): Memory Keeper – Vintage-Journaling und Scrapbooking mit fraeuleinfotofee. München: EMF.
Schuld, Herbert (2022): Kazem. Freiheit ist nichts für Feiglinge. Von Kurdistan nach Deutschland. Westernohe: SCHRIFT:gut Kultur und Medien.
Schubert, Helga (2021): Vom Aufstehen. Ein Leben in Geschichten. München: dtv.
Shapton, Leanne/Heti, Sheila/Julavits, Heidi (2015): Frauen und Kleider. Was wir tragen, was wir sind. Frankfurt am Main: S. Fischer.
Statista (2022): Scheidungsquote in Deutschland von 1960 bis 2021. https://de.statista.com/statistik/daten/studie/76211/umfrage/scheidungsquote-von-1960-bis-2008 (zuletzt aufgerufen am 22.11.2022).
Tambour, Barbara (2010): Rezension zu Adolf Hitler, die deutsche Mutter und ihr erstes Kind von Sigrid Chamberlain, www.psychosozial-verlag.de/catalog/rezensionen.php?id=614 (zuletzt aufgerufen am 23.11.2022).
Winterhoff, Michael (2008): Warum unsere Kinder Tyrannen werden. München: Goldmann.
YouGov (2022): YouGov-Studie zum Internationalen Tag der Freundschaft am 30. Juli in Kooperation mit dem SINUS-Institut, https://yougov.de/news/2022/07/28/jede-funfte-freundschaft-unterschiedlichen-meinung (zuletzt aufgerufen am 22.11.2022).

Hinweise zum Online-Material

Die 60 Erzählblätter stehen als PDF-Dateien online zum Download zur Verfügung. Gehen Sie hierfür auf *www.beltz.de* auf die Produktseite des Buches. Unter „Onlinematerial" werden Sie aufgefordert, ein Passwort einzugeben. Dieses lautet: EB$2023§sk!
Achten Sie bitte auf die exakte Schreibweise des Passworts.

Bildnachweise

1. Kinderspiele | GettyImages/Archive Holdings Inc.
2. Ostern zu Hause | Stefan Kappner
3. Weihnachten zu Hause | GettyImages/Maria Badaeva
4. Wenn ich Geburtstag hatte | GettyImages/Juanmonino
5. Schnee und Eis | GettyImages/Fortgens Photography
6. Im Sommer | GettyImages/Shanina
7. Feine Kleider | GettyImages/Archive Holdings Inc.
8. Gut gemacht! | GettyImages/master1305
9. Eine unvergessliche Reise | GettyImages/Chalffy
10. Glück gehabt! | GettyImages/diephosi
11. Mein Stammbaum | GettyImages/Imagesbybarbara; *Stammbaum:* Pixabay
13. Das Leben meiner Mutter/meines Vaters | GettyImages/Sneksy
14. Große Schwester, kleiner Bruder | GettyImages/freemixer
15. Ein Familienfoto | GettyImages/BRANDONJ74
16. Wer zu Hause wohnte | Stefan Kappner
17. In der Küche meiner Kindheit | GettyImages/Sasha
18. Meine Heimat | GettyImages/ilbusca
19. Mundart | Stefan Kappner
20. Meine erste Erinnerung | GettyImages/AlexLinch
21. Eine Freundin/ein Freund | Stefan Kappner
22. Frühlingsgefühle | GettyImages/danielsbfoto
23. Wie ich meinen Mann/meine Frau kennenlernte | GettyImages/Rawf8
24. Die Geburt meines Kindes | GettyImages/baranozdemir
25. Ein guter Lehrer/eine gute Lehrerin | GettyImages/PeopleImages
26. Ein Vorbild | *Jesus:* GettyImages/powerofforever; *Albert Einstein:* Bundesarchiv, Bild 183-19000-1918 • CC-BY-SA 3.0; *Steffi Graf:* Mark Henckel • CC BY-SA 2.0; *Astrid Lindgren:* Svenska Dagbladet, Burnäs, Tore. Stockholms stadsmuseum • CC-BY
27. Nachbarn | GettyImages/JackF
28. Zu Besuch bei | Stefan Kappner
29. Ein Arbeitskollege/eine Kollegin | GettyImages/xavierarnau
30. Wen ich vermisse | GettyImages/Beli_photos
31. Mein Lebensmotto | Stefan Kappner
32. So wurde ich erzogen | GettyImages/Archive Holdings Inc.

33. Mein Beruf – meine Berufung | Font Kiko
34. Mein Lieblingsort | Stefan Kappner
35. Woran ich glaube | GettyImages/Yuriy Bucharskiy
36. Darauf bin ich stolz | GettyImages/mustafabilgesatkin
37. Was mich begeistert | Stefan Kappner
38. Ein Andenken | GettyImages/KatarzynaBialasiewicz
40. Was mich oft beschäftigt | GettyImages/FG Trade
41. An einer Biegung des Flusses | GettyImages/VladGans
42. Welchen Weg bin ich gegangen? | GettyImages/SyhinStas
43. Der erste Tag … | GettyImages/DNY59
44. Der letzte Tag … | GettyImages/setthaphat dodchai
45. Wie ich eine Niederlage überwand | GettyImages/Philipp Rau-Endrulat
47. Eine wichtige Prüfung | GettyImages/alvarez
48. Wie ich einmal krank wurde | GettyImages/Tom Kelley Archive
49. Die Zeiten ändern sich | GettyImages/aprott
50. Ein historisches Datum aus meiner Sicht | Stefan Kappner
51. Ein Brief ans Leben | GettyImages/dutchphotography
52. Meine Wunschliste | GettyImages/vveronka
53. Ein erfundener Lebenslauf | GettyImages/Grafissimo
55. Ein Lieblingslied | Pixabay
56. Ein Rezept | GettyImages/PeopleImages
57. Was ich träumte in der Nacht | GettyImages/LukaTDB
58. Die Karte meines Lebens | GettyImages/iconeer
59. Ein Orden für mich | *Urkunde:* GettyImages/Daxi; *Orden:* Pixabay